MERIAN

New York

Chefredakteur: Dr. Will Keller
Redakteure: Hans Joachim Bonhage,
Rainer Klofat, Peter Mayer,
Hanns Straub
Graphische Gestaltung: Erika Schmied
Anzeigenteil: Günther W. Reichert

New York, größte Stadt der Vereinigten Staaten, gilt vielen US-Bürgern als die am meisten europäische ihres Landes: eine Art Super-Europa aus der Retorte, das sie frohgemut und gutgläubig melting pot nennen, Schmelztiegel. Und doch ist dieser Gigant am Hudson, nur wenige Flugstunden vor unseren Lufthäfen gelegen, anders als alles, was unser Europa zu bieten hat, erregender, überwältigender, verwirrender, auch bedrückender.

Das liegt an den anderen Dimensionen nicht allein, an den Wolkenkratzerwäldern, dem Völker- und Sprachenbabel, dem Verkehrsüberdruck, der Wirtschaftsballung.

Das liegt vor allem auch an der Spannung, die in dieser Metropole der größten Industrienation unseres Planeten wie mit Händen zu greifen ist, an den ungelösten Problemen, die auf ihr lasten, an der harten Konfrontation mit Gegenwart, die letztlich uns allen auf den Nägeln brennt.

Außergewöhnliche Größe und Energie aber spricht ihr niemand ab, der City auf der Insel Manhattan, die ein gewisser Peter Minnewit aus Wesel vor noch nicht 350 Jahren für den Gegenwert von 24 Dollar erstand.

Faszinierend im Guten wie im Bösen, ein lückenloses Spiegelbild der Menschheit, ein grandioses Schauspiel unaufhörlicher Veränderungen, brodelnde Arena für Heilsbotschaften und unbequeme Ideen wie heißgeliebtes Zuhause des kleinen Händlers an der Ecke – gibt es einen besseren Schlüssel zu Amerika als dieses New York?

Titelbild: Im Rockefeller Center, Avenue of the Americas, Foto: Harald Mante. **Bild rechts:** Feuerleitern allüberall, Foto: Wilfried Karweg. **Folgende Doppelseite:** Park Avenue mit Pan Am Building von Walter Gropius, Foto: Rosemarie Pierer
Die letzten sechs MERIAN-Hefte: Istrien/Slowenien – Weserbergland – Warschau – Oxford/Cambridge – Valencia/Costa Blanca – Ungarn. **Die nächsten sechs:** Zypern – Kärnten – Rom – Schleswiger Land – Languedoc/Roussillon – Schwäbische Alb

Hermann Kesten	6	Hundertfacher Turm zu Babel
Norman Mailer	16	Wir müssen es ändern
Wolf von Eckardt	26	In den Wolkenkratzerwäldern
Henry Miller	33	Überhitzte Erinnerungen
W. H. Auden	42	City without walls
Sabina Lietzmann	45	Fast ein Freistaat: Greenwich Village
Seymour Krim	52	Harlem ist ein Anachronismus
Uwe Johnson	59	Unsere Heimat in der oberen Westseite
	61	So steht es nicht im Baedeker
Anaïs Nin	70	Fünf von vier Millionen
Walter Pfaeffle	74	Im Würgegriff der Mafia
Peter Stadelmayer	78	Existenzen, Existenzen
Johannes Urzidil	80	New Yorks Hausgarten
Paul F. Victor	82	Manhattan Cocktail
Alfred Gong	88	Teutsches Tun in Neuyork

HUNDERT FACHER TURM ZU BABEL

Von Hermann Kesten

Licht und Schatten über Kosmopolis:
New York und den New Yorkern gerecht zu werden – dazu bedarf es eines echten Kosmopoliten: Hermann Kesten kennt und liebt diese Stadt seit dreißig Jahren, aber er trennt sich alljährlich für viele Monate von ihr, um sie immer wieder neu zu entdecken – diese „trotz allem Rassenzwist und Klassenhader" tolerante Vielvölkerstadt. Hier sind „die anderen" nicht Ausländer wie in Europa. Und wenn ihre METS gar Baseball-Weltmeister werden, stehen alle New Yorker zusammen wie ein Mann.

Danielle, zweiundeinhalb Jahre alt, seßhaft auf dem Lande in Pennsylvania, besuchte mit ihrer Mutter (meiner Nichte) zum erstenmal die Großeltern in New York und deutete, mitten in Manhattan, mit der einen Hand auf die hundert Turmhäuser, mit der andern Hand auf ihren Großvater und erklärte: „I'm so proud of my grandpa!" Ich bin so stolz auf meinen Großvater! Offenbar hatte er, ein Schraubenfabrikant, auch dieses faszinierende New York fabriziert, ihr imponierte diese Stadt, das Werk von Großvätern.

Denselben Eindruck hatte ich Ende Mai 1940, als ich, eben den Greueln in Europa entronnen, zum ersten Male an der Freiheitsstatue vorbeifuhr und in New York landete.

Mir imponierte dieser hundertfache Turmbau von Babel, wenn ich auch laut über die groteske Komik dieser absurd häßlichen und eben wegen ihrer maßlosen pseudoprometheischen Absurdität schon wieder schönen, deprimierenden und übermütigen, zum Genuß wie zum Selbstmord verführerischen und überlebendigen Superstadt mit ihren Superhäusern, Supermärkten, Supergirls und Superbeerdigungsinstituten lachte, wo es ebenso viele Destruktions- wie Konstruktionsfirmen gab, in diesem illuminierten Riesenspielzeugsteinbaukasten, wo die *cockroaches*, die riesigen Küchenschaben, so alt und so unausrottbar wie die ganze Menschheit sind, wo es ebenso viele Ratten wie New Yorker gibt und mehr Iren als in einer Stadt Irlands, fast so viele Italiener wie in Rom, wo jeder vierte New Yorker ein Jude, jeder siebte ein Neger, jeder achte ein Deutscher ist, wo es von Polen und Schotten, Chinesen und Franzosen, Engländern und Indern wimmelt – nur die Indianer sind ein wenig rar geworden. Alle diese Völkerschaften wohnen anfangs beisammen, doch ihre Söhne und Töchter mischen sich schon, nur die Schwarzen bleiben eingezäunt in der gefährlichsten afrikanischen Hauptstadt, in Harlem mitten in Manhattan.

Schon sah ich beim ersten Blick, dieses New York haben Großväter geschaffen, ein Meisterwerk des ausgehenden 19. und anhebenden 20. Jahrhunderts. Meine Großväter haben sich dieses Denkmal, ein glorioses Standbild ihrer selbst, aufgebaut, aber für die Enkel taugt es kaum mehr: zu viele größenwahnsinnige Illusionen, zu skrupellose Abgeschmacktheit, zu viele steinerne Utilitarismen, grandiose Brücken, die zu klein sind, ein riesiger Broadway, der nicht breit genug ist, zu viele Autos und zu wenige Autostraßen, zu viel Abgase, zu viel Lärm, zu wenig Bäume und Gras, zu viele Mörder und zu viel Korruption in dieser unoffiziellen Hauptstadt von Amerika, in diesem sich selbst verspottenden Zentrum der Welt, wo man alles herstellt und nichts repariert, wo der Kunsthandel die Kunstmoden zeugt, wo der Welthandel Welthändel schafft.

In der Park Avenue sitzen die Firmenchefs von halb Amerika in ihren luftgekühlten, gläsernen Vogelkäfigen, umzwitschert von den schönsten Sekretärinnen der Welt, jede hat ein College-Diplom und die Zukunft Amerikas auf dem Stenoblock oder im Schoß.

In New York leben die meisten Dichter und die meisten Gangster der USA. Wie Autos stoßen Europa und Asien und Afrika zusammen, die Karambolage heißt New York. Bettler und Millionäre sind friedliche Nachbarn, sie wohnen Block bei Block. Hier stirbt man unbeachtet vor Hunger und verschenkt ungerührt Milliarden für wohltätige Zwecke, ohne Sinn und Verstand. Ginge die Welt unter und es bliebe nur New York übrig, so hätte man ein komplettes Museum der Menschheit, allen Glanz und alle Alpträume unserer Zivilisation im 20. Jahrhundert, die Superwelt mit Wochenendausflügen zur Sixtinischen Kapelle und zum Mond. Nur in New York gibt es noch,

Foto: Anne Hamann

Süd-Manhattan mit Wall Street District vom Empire State Building aus

Wo der Broadway die 7th Avenue quert, liegt Times Square, des Lasters liebste Filmkulisse

was es sonst kaum mehr gibt, z. B. polnische Juden, deutsche Juden und Neger, die Juden sind, samt Kirchen und Tempeln für 150 Religionen.

New York ist das veraltende, verschimmelnde Kunststück unserer Großväter. Darum liebe ich diese Stadt, wie ich in Europa die Kurorte mit ihren Musikpavillons und Kursälen liebe, mit lauter musealem Halbkitsch und hochgemuter Halbkunst aus dem 19. Jahrhundert, oder wie ich die Galerien in Bologna, Neapel und Mailand liebe, diese melancholischen Schmuckstücke des hochzivilisierten, hochkapitalistischen und alle Armut grausam und töricht mißbrauchenden 19. Jahrhunderts, das trotz aller Barbarei seiner schnell reich gewordenen Bürger meistens weniger zynisch, weniger mörderisch war als unser vor lauten technischen Triumphen tolles 20. Jahrhundert.

Ja, New York ist beinahe romantisch großväterlich, ein hypermodernes Museum einer technisch und physiologisch mißglückten Weltstadtkreation, verbaut, verschwendet, veraltet, vergiftet von krebsbildenden, lebenverkürzenden Dämpfen und Abgasen, mit zu wenig Licht, zu wenig Chlorophyll, zu wenig Wasser, zu wenig Lust und Luft, mit zu viel Lärm, zu hohen Steuern für die Armen, zu vielen Gewalttätern und Korrupten. Und doch nehmen es diese superaktiven Großväter immer noch mit den kulturrevolutionären „Jünglingen" in Cuba und China auf, oder gar mit den Söhnen von Moskau und Madrid.

Diese Großväter von New York haben mehr Energien und Ideen, mehr Lebenslärm und spirituelle Intensität, mehr Industrie und Jazz, Op Art und Pop Art und Public-Relations-Zauberer, mehr Wahnsinn und Witz und den höheren Lebensstandard, mehr Leistung und Talent als die Enkel alter Zivilisationen in Tokio und Hongkong, Rio de Janeiro und Benares, in Mailand, Marseille oder München.

Diese Stadt, deren Einwohner schon fürchten, bald zu ersticken, bald zu verdursten, bald in ihren Parks überfallen, vergewaltigt, verscharrt zu werden, wo in der Subway Polizisten mitfahren müssen, damit man nicht die New Yorker ausraubt in ihrer Subway, diese Stadt, wo ein Auto kaum mehr ein Verkehrsmittel und die ganze Stadt ein konzentriertes Verkehrshindernis ist und wo man zwischen Millionen Mitbürgern einsamer (sogar sexuell einsamer) bleibt als anderswo, diese Stadt, die eine flammende und magisch illuminierte, von Dollars und Witz triefende Wüste ist, mit Reklamelichtern und Stars statt der Sterne am Himmel, diese Stadt ist für einen Romancier wie mich ein episches und überirdisches Bergwerk, ein absurdes Welttheater, das groteske Schauspiel unbefriedigter Architekten, eine im Sonnenlicht glitzernde Sammlung gläserner Riesenzigarrenkisten und ein Lustlager für Millionen, auch eine Totenkammer für Millionen, die Superstadt aus Raumnot, eine Rassenhochzeit, wo man sich im Brautbett zu Tode liebt und würgt, wo die Vereinten Nationen nur eine von tausend New Yorker Verkehrsinseln sind, wo man einer von acht oder siebzehn Millionen ist, jeder ein New Yorker, made in USA.

Unsere Großväter gingen nach New York, um orthodoxen Kirchen und orthodoxen Tyrannen oder den Gerichten ihrer Heimat zu entrinnen. Im Wettlauf um ihr Glück machten die meisten nur Geld oder Bankrott. Viele ihrer Enkel legen sich auf die Couch des Psychoanalytikers oder nehmen Rauschgifte und beginnen, wo ihre Großväter endeten, mit Gedankenflucht, Bankrott oder Selbstmord, Greise mit zwanzig schon. Viele Großväter hatten ihre Namen, ihre Sprache, ihre Bräuche geändert. Viele der Enkel ändern ihre Trachten, ihre Frisuren, ihre Ideale.

Die Provinzler der USA sagen, New York sei nicht Amerika, sondern ein anglisierter Vorort von Europa, eine grell angestrichene Luxusbaracke mit Neonlicht und lauter falschen Chancen für frische Einwanderer. Die Provinz kam natürlich ohne Ausnahme auf der „Mayflower".

Wer schon tausend Jahre in Amerika lebt, zählt heute zum sozialen Ausschuß: Rothäute haben die höchsten Sterblichkeitsziffern in USA, sie sterben früher als Weiße und Schwarze. Man straft sie heute für die Verbrechen, die man an ihren Großvätern verübt hat.

Nichts ist amerikanischer als New York. Im Einwandererland machen die Greenhorns die Musik. Hier sind die Letzten die Ersten, die Fremden die Autochthonen.

In dieser Kosmopolis, in diesem Babel mit hundert Sprachen, schreibt man heute die wahre amerikanische Provinzliteratur: Die Negerromane, die jüdischen und jiddischen Lokalromane, die Off-Broadway-Dramen, hier dreht man die avantgardistischen Filme, malt man die abstrakten, die konkreten, die neuesten Gemälde, hier verfaßt man die fundamentalen soziologischen, psychologischen, revolutionären, nonkonformistischen und erzkonformistischen Bücher, Leitfäden für alles, Lebensphilosophie und Benehmen in der Nachwelt, Pornographie und vollkommene Ehe, für gleichgeschlechtlichen Beischlaf und Bürokratie, für Zoologen, Ornithologen, Astrologen und Astronomen, Futurologen und Biologen, für Faulpelze und Lesbierinnen. Die neueste amerikanische Musik, Revolutionstechnik, Privatbombenfabrikation, Physik, Poesie und Religion, Medizin und Architektur, Mode und Kochkunst und Sexualpsychologie, so uramerikanisch, sind meist das Werk europäischer Provinzler aus der ersten, zweiten, dritten Generation der Einwanderer samt Söhnen, Schwiegersöhnen und Enkeln, die so stolz auf ihre Großväter sind, auch wenn sie es nicht zugeben und mit der nächstbesten Revolution, selbstgemacht wie Molotow-Cocktails, sie abzuschaffen und auszurotten drohen.

Wie in allen Weltstädten, die ich liebe, habe ich auch in New York kreuz und quer gewohnt. In einem Einfamilienhaus in Queens, in Sunnyside, wo drei Dutzend Vorgärten zusammenwachsen wie die Nachbarn, die einander ins Fenster und ins Bett und ins Gewissen schauen, als gäbe es weder Türen noch Wände, sondern nur Lautsprecher und Television, und das ganze Familienleben müßte publik sein, als schriebe es die Konstitution vor, wenigstens in Sunnyside, zwischen lauter Juden und Italienern.

Ich wohnte in Washington Heights, dem Vierten Reich, zwischen lauter *réfugiés*, Drittes-Reich-Flüchtlingen; alle träumen von Deutschland und wollen um keinen Preis zurückkehren, weder nach Dresden noch nach Kassel. Oder ich wohnte mitten in Manhattan, auf der Westseite, am Broadway oder Riverside Drive, am Hudson, im zwölften Stock, wo ich glaubte, mitsamt unserm Haus auf dem Fluß zu schwimmen, von Blizzards geschüttelt wie ein Ozeandampfer, und wo mitten im Krieg die halbe amerikanische Flotte an meinen Fenstern vorbeifuhr.

Oder ich wohnte gegenüber dem Museum for Natural History, wo das ausgestorbene antediluvianische Amerika ausgestopft präsentiert wird, Dinosaurier und Ichthyosaurier und Rothäute und Trapper, „homo americanus"; oder Ecke 58th Street und Avenue of the Americas, einen Block von Carnegie Hall mit ihren Konzerten, einen Block von Fifth Avenue und zwei Blocks vom Broadway mit seinen Theatern, Kinos und Foodshops.

Von allen Brücken New Yorks ist Brooklyn Bridge die humanste: Hier kann man noch, unbehelligt vom hektischen Verkehr auf den unteren Fahrbahnen, zwischen Drahtseilharfen über den East River schlendern Foto: Viktor

Ich wohnte in Wolkenkratzern und in einem Brownstone Building in der 75th Street East, zwischen Madison und Park Avenue, das niedergerissen wurde: Der Bauhaus-Architekt Breuer baute dort das Whitney Museum.

Ich wohnte in Coldwaterflats und in Luxushotels, überall fühlte ich mich zu Hause, im französischen, im jüdischen, im deutschen Viertel und neben Negern und Puertoricanern. New York ist eine tolerante Stadt, trotz allem Rassenzwist und Klassenhader. Zu Hause fühle ich mich in den Public Libraries und in den Bibliotheken der Universitäten, in den Museen und Cafeterias, in der Subway und im Bus, in Bahnhöfen, Konzertsälen, Theatern und Bars, in den Dachrestaurants im fünfzigsten oder hundertsten Stock, in den Hallen der Luxushotels und in den Drugstores und in der Cafeteria im Zoo des Central Park, wo ich ganze Romane geschrieben habe und Verse, indes ich abwechselnd auf Seelöwen und Eisbären blickte oder auf Beine, Becken und Backen von weißen und schwarzen Mädchen.

Die New Yorker sehen alles und blicken immer weg. Sie gehen an Toten, die auf der Straße liegen, und an Liebespaaren, die im Central Park auf dem Rasen schmusen, vorüber, ohne hinzuschauen. Sie sind die ewigen Zeugen des Lebens und sagen nie aus. Wer in New York lebt, braucht nicht in die Welt zu fahren, die Welt kommt zu ihm, die Könige Arabiens und Skandinaviens, Churchill und Chruschtschow, de Gaulle und Willy Brandt, die Präsidenten der USA, weltberühmte Musiker und Magier, Maler und Mediziner, zumindest ihre Bilder und Kapellmeister. Es kommen Cellisten und Nobelpreisträger, Autoren und Pianisten und Professoren, Schauspielerinnen und Filmhelden, Touristen und Taschendiebe. Hier bauen die großen Architekten, hier tanzen die besten Tänzer.

New York ist eine Insel im Meer, auf Granit gebaut, der größte Hafen, eingeengt zwischen Hudson und East River, mit Brücken, die nachts wie Juwelenbänder schimmern. Mal ist es zu heiß in New York, mal zu kalt, zwischen Blizzards im Februar und 99 Prozent Luftfeuchtigkeit in Augustnächten. Wenn Fahrstuhlführer streiken, ist man im hundertsten Stock verloren. New York mit seinen fünf Städten besteht aus tausend Dörfern. Aber Brooklyn sieht anders aus als Manhattan, die Bronx verachtet Queens. Riverdale gleicht Surrey in England, Fort Tryon Park und Cloisters liegen wie am Rhein. Greenwich Village ist wie Schwabing plus Montmartre im Quadrat. Harlem, Gramercy Park, Madison Avenue, die Bowery und Chinatown sind fünf Erdteile verschieden und alle New York.

Seit vielen Jahren wohne ich das halbe Jahr in New York, das andere halbe Jahr in Europa. Wenn ich zurückkomme, ist New York jedesmal eine neue Stadt. Man reißt Straßen ab und baut sie auf, Wolkenkratzer in drei Monaten, keine Stadt wechselt so geschwind, doch fühlen sich manche hier wie im Exil, wenn sie drei Straßen weit umziehen.

New York ist ein perpetuelles Schauspiel und dazu ein Perpetuum mobile. Es hat ein deliziöses Licht, wie von einem Weltpoeten eigens geschaffen, Sonnenuntergänge wie von Greco gemalt. Jeder zweite New Yorker ist unzufrieden, findet seine Stadt unbequem, überfüllt, gefährlich. Neuerdings fürchten die New Yorker gar, sie seien das beste Ziel für Atombomben.

Aber abgesehen von jenen Hunderttausenden, die nur zur Arbeit hereinfahren und sonst in Suburbia leben, will kein New Yorker auf sein New York verzichten. Diese Stadt ist ein Kindheitstraum, eine Jugendliebe, ja die Welt. □

Mond über den Hudsonpiers und Straßenszene – Details zu zwei Superlativen: größter Hafen der Neuen Welt und größte Afrikanerstadt

Wir müssen es ändern

Von Norman Mailer

Ob seine Wahlkampagne um den
Bürgermeisterstuhl von New York einem
Journalisten-Hirn entsprang oder nicht – jedenfalls stürzte
sich Norman Mailer mit aller Präzision seines Intellekts, mit
aller Vehemenz seines menschlichen Engagements
in die Problematik der erstrebten Aufgabe.
Luftverschmutzung erkannte er als Feind Nr. 1,
die bisherigen Leitbilder als unzureichend.

Wie soll man die Krankheit einer Stadt beschreiben? Ein heller Tag zieht herauf, ein Morgen Anfang Mai mit der Pracht des Juni. Die Straßen sind kühl, die Gebäude haben sich aus dem Schatten herausgeschält. Kinderstimmen zerbrechen die Stille. Es ist, als habe die Umgegend unter dem Leichentuch der Vergangenheit geschlafen. Vierzig Jahre früher... man erinnert sich an den Milchmann, Pferdegetrappel. Es ist ein herrlicher Tag. Alle reden auf dem Weg zur Arbeit über diesen zauberhaften Tag. An solchem Morgen kann man sich nur schwerlich vorstellen, daß New York das Opfer einer „Äthernarkose" ist.
Doch am Nachmittag verwandelt sich die Stadt wieder in ein Gefängnis. Dunst bedeckt den Himmel, ein grauenvoller, formloser Schimmer flammt vom Horizont herüber. Die Stadt hat ihr Gleichgewicht wieder verloren. Nach Arbeitsschluß drängen sich die New Yorker auf dem Nachhauseweg durch die ätzende, lungenverseuchende Luft, in der Subway meidet man die Blicke der anderen. Später, gegen Mitternacht, will man hinunter, um die *Times* zu kaufen, zögert jedoch – in der Dunkelheit kehrt das bekannte Gefühl der Angst zurück, die Straßen sind nicht sicher, die Vorahnung irgendeines apokalyptischen Feuers, einer Nacht der langen Messer lastet auf der City. Wieder stellen wir fest, daß die Stadt krank ist.
In unserer Kindheit erzählte man uns, die Luft sei unsichtbar, und sie war unsichtbar. Heute sehen wir, wie sie sich verändert, verdichtet, grau und deprimiert über einen gepeinigten Himmel zieht. Heute gewöhnen wir uns daran, das ganze Jahr hindurch mit Erkältungen zu leben, mit Viren, die an die Pest erinnern. Man verliert schneller die Nerven in unserer widerlichen Luft. Wer krank ist, wird kränker, wer gewalttätig ist, noch gewalttätiger. Das fadenscheinige Gewebe der New Yorker Umgangsformen scheint an jeder Straßenecke durch den Schmutz zu schleifen.

Empire State Building; Foto: Heinz Held

Die entsetzliche Luft ist tatsächlich das größte Problem unserer Stadt. Die Menschen sterben nicht unter dramatischen Umständen an einem einzigen Tage, sie schwinden eher unmerklich dahin, sterben fünf, zehn Jahre vor ihrer Zeit, laufen herum mit dem glühenden Eisen zukünftigen Asthmas, das die Lungen zusammenpreßt. Die Luftverschmutzung in New York ist so schlimm, daß jede Lösung eines anderen Problems unmöglich ist, solange die Luft nicht von den giftigen Bestandteilen befreit wird. Von allen Städten in der Welt hat New York vermutlich die schlechteste Luft – jedenfalls die schlechteste Luft im technologisch führenden Land der Welt. Früher war Los Angeles berühmt für seinen lebergelben Smog; wir haben Los Angeles weit übertroffen.

Das also ist unser beherrschendes Übel. Genährt durch eine Unzahl anderer Übel, die durch die Luft schwirren, an erster Stelle durch den Verkehr, weltberühmt für seine Stagnation. Manhattan ist von Mittag bis Abend für Autos nahezu unpassierbar – die Durchschnittsgeschwindigkeit liegt bei neun Kilometern pro Stunde, etwa der Zottelschritt eines Pferdes. Hat man das Zentrum geschafft, drohen stundenlange Stauungen an allen Brücken, Tunneln und Schnellverkehrsstraßen, wenn auch nur ein einziges Auto auf der Fahrbahn eine Panne hat. Summiert man die Minuten und Viertelstunden Verzögerung bei diesem Schneckentempo, so verlieren die Leute im Laufe des Jahres ganze Arbeitswochen. Man platzt vor Wut wegen verpaßter Termine, überall leidet die Arbeit darunter. Und all die Wartezeit laufen die Motoren der sich stauenden Kolonnen auf vollen Touren, pumpen Kohlenmonoxyd in die Luft, die bereits angefüllt ist mit dem beißenden Schwefeldioxyd des verbrannten Heizöls.

Unter dieser täglichen Belastung – Luftverschmutzung, Lärm, Verkehrslähmung, nahezu krüppellahme Subways,

In der Subway: Vier Millionen Fahrgäste täglich

Foto: Thomas Höpker

seit Jahren nicht mehr modernisierte Transportwege – stürzt sich jeder New Yorker allmorgendlich in eine Umwelt, die ihm schon bis zum Mittag seine gute Laune, seine Nachsicht, Gelassenheit und Selbstbeherrschung raubt.
Doch unter dieser Pestilenzstimmung wuchert noch etwas Schlimmeres, das tief eingewurzelte Empfinden von verborgenem und ständig wachsendem menschlichem Grauen. Von acht Millionen Menschen in New York leben über eine Million von der Fürsorge. Nicht mal ein Zehntel dieser Wohlfahrtempfänger werden je arbeiten können. Da sind einmal Frauen mit Kindern, zu Alte, zu Kranke, Süchtige, Analphabeten, Ungelernte, des Englischen nahezu Unkundige. Familien ohne Mütter und Väter leben am Ende einer finanziellen Nabelschnur, die sie für alle Zeiten in wirtschaftlichem Embryonalzustand erhält. Noch schlimmer: Wenn einer von acht New Yorkern Fürsorgeempfänger ist, so leben halb so viele andere um keinen Deut besser, denn ihr Lohn ist nicht höher als das Fürsorgegeld. Da neigt man begreiflicherweise dazu, die Arbeit überhaupt aufzugeben. Etwa 1,5 Milliarden Dollar werden für die Fürsorge ausgegeben. Für die Berufsausbildung von Arbeitskräften steht hingegen nur ein Betrag von vier Prozent dieser Summe zur Verfügung.
Auch die Zustände im Wohnungswesen sind niederschmetternd. Jahr für Jahr werden nur etwa halb soviel Wohnungen für die niedrigen Einkommensklassen gebaut, wie nötig wären, um mit der Entwicklung Schritt zu halten. Ganz zu schweigen von ihrem Aussehen – drohend riesenhafte Slumgefängnisse an jedem Horizont unserer Stadt.
Aber dazu kommt, daß wir jährlich ebenso viele alte Häuser verlieren, die durchaus nicht derartig verkommen mußten, daß nur die Zwangsräumung übrigblieb. Von den 100 Millionen Dollar des städtischen Jahreshaushalts für Wohnungsbau gehen 20 durch den Abbruch alter Häuser verloren.

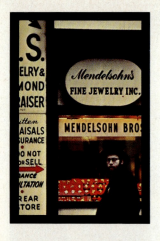 
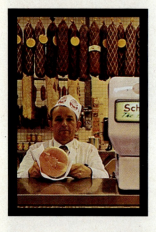 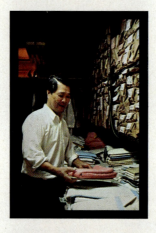

*Der melting pot oder Schmelztiegel, der
Einwanderer über Nacht zu Amerikanern macht,
ist eine fromme Sage. Meist findet erst die
zweite Generation den Anschluß.
Auch seinem Berufsbild bleibt man gern treu:
Orthodoxe Juden haben in der 47th Street
Amerikas Diamantenzentrum entwickelt,
Puertoricaner sind oft „short order cooks",
Deutsche brillieren in Würsten, Chinesen als Wäscher,
Iren stellen das Gros der Polizei,
und italienische Schuster bleiben bei ihrem Leisten –
Blacks steuern die dicksten Laster wie Spielzeugautos
durch die Verkehrsmarmelade – traffic jam*

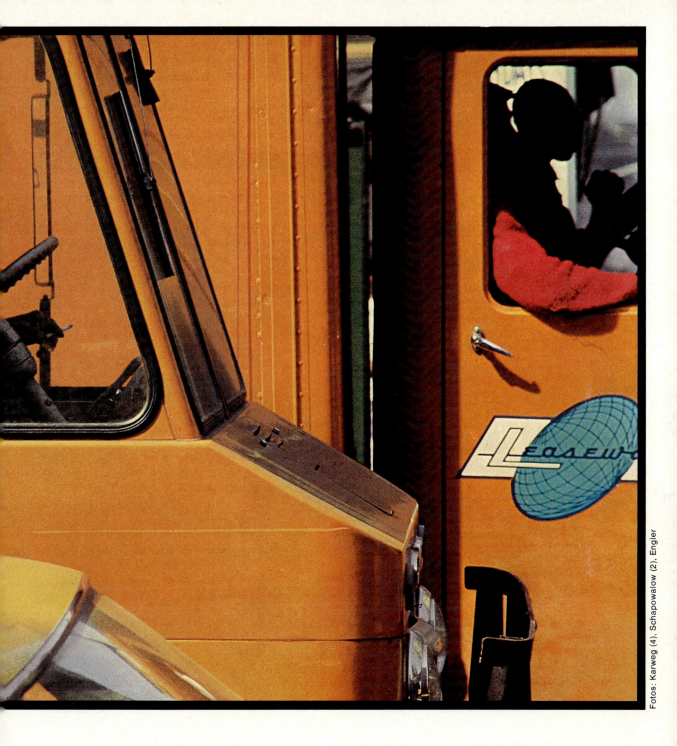

Unsere Finanzlage ist unerträglich. Wenn der Bundesstaat New York 17 Milliarden Dollar Einkommensteuer und 5 Milliarden Dollar Körperschaftsteuer an die Bundesregierung zahlt, so werden nach vorsichtiger Schätzung über 14 dieser 22 Milliarden allein von der Bevölkerung der Stadt New York aufgebracht. Das Budget unserer Stadt jedoch beträgt 7,5 Milliarden, hierzu steuern der Staat New York und Washington nur 3 Milliarden bei. New York muß weitere 4,5 Milliarden durch Grundsteuer und andere lokale Abgaben mobilisieren. Das bedeutet: Wir zahlen 14 Milliarden Dollar an Einkommensteuer an Washington und Albany und bekommen 3 Milliarden zurück. Wir bezahlen also jeden hereinkommenden Dollar mit fünf Dollar und gehen damit einer ausweglosen Verarmung der Stadt entgegen. Vier der verlorenen fünf Dollar wandern nach Vietnam und Malmstrom in North Dakota, wo die ABM ein Gelände erhalten wird. Oder die Dollars gehen weg für Bundes-Fernstraßen durch Gegenden, die wir wahrscheinlich niemals besuchen werden.

Alles ist im argen. Berufliche Ambitionen von gestern lösen sich in nichts auf. Jüdische Lehrer, die vor zwanzig Jahren ins Erziehungswesen gingen, um sich zu sichern und den Armen Bildung zu vermitteln, fühlen sich heute in ihrer Arbeit bedroht, und der liberale soziologische Stil ihres Unterrichts wird abgelehnt. Das kollektive Ego ihrer Lebensform ist erschüttert. Wohl oder übel müssen sie erkennen, daß Schwarze lieber von Schwarzen statt von Fachleuten unterrichtet werden wollen. Das Verlangen nach Glaubwürdigkeit beherrscht den Bildungssektor. „Wer bin ich? Was bedeuten meine Haut, meine Leidenschaft, meine Furcht, mein Traum von ungeahnter Größe, selbst mein Hunger nach Brot?" Diese Fragen besitzen eine solche Wucht, daß sie das Blut in Wallung bringen und die Herzen mit Mordlust füllen. Was kann im Schoß einer

sterbenden Stadt Erziehung anderes sein als der zornige Entdeckungsdrang: Bin ich Opfer oder Held, zu dumm oder zu klug für die alten Erziehungsmethoden? Maßloser Zorn über die gescheiterte Suche nach einem Weg war 1968 die Wurzel der Unruhen an den Schulen, dieser Zorn wird sich erst legen, wenn die Schulen frei sind, einen neuen Weg für den Unterricht zu entdecken. Hüten wir uns vor Überheblichkeit gegenüber den Unwissenden – ihr Empfindungsvermögen ist zu tief, als daß sie sich auch nur an das Verständnis für die Zahl der Schnörkel innerhalb eines Buchstabens heranwagen. Picasso konnte im Alter von elf noch immer nicht rechnen, weil ihm die Zahl 7 wie eine umgekehrte Nase erschien.

Unter den Armen kann sich Geist hinter der Maske der allerstarrsten Dummheit verbergen, denn wenn der Geist im Leben eines Menschen keinen Auslauf hat, muß dieser Mensch ihn verstecken, schützen, für seine Nachkommen reservieren oder für seinen Segen, oder, wenn es all dies nicht mehr für ihn gibt, für seinen Fluch. Durchaus natürlich, daß wir daher in innerer Angst leben und die freundlichsten Bürger ihre Türen immer noch mit Vorhängeschlössern gegen den Fluch absichern. Wir sind wie eine in Ungnade gefallene Stadt aus der Bibel. Unsere Parks verkommen, und nach Dienstschluß fahren unsere Polizisten nach Hause in die Nachbarstädte weit außerhalb der City – sie kehren zurück, um uns von außerhalb zu regieren. Unsere städtischen Angestellten lassen sich treiben in dem endlosen Verwaltungssumpf von Apathie und Verschleiß. Sie leisten ihre Arbeit in einem Tempo wie eine Rekrutenarmee in Friedenszeiten auf einem trostlosen, gottverlassenen Posten. Das Programm zur Bekämpfung der Armut, das Poverty Program, strauchelt unter den Geniestreichen von Unterschlagungen. Aber wenn man selbst ein gewitzter junger Schwarzer wäre, würde man da nicht auch den

Lower East Side sonntags. Am Sabbat herrscht hier Ruhe

Wunsch haben, den Satten mal eine Million zu stehlen? Rücken wir dem Problem zu Leibe. Es liegt schon darin, daß kein Lebender in New York ehrlich die Frage beantworten kann: Läßt sich New York retten? Niemand von uns weiß es. Unsere erste Aufgabe ist also festzustellen, ob wir einen Weg finden, unsere Kräfte zu sammeln.

Zum Teil erklärt sich die Tragödie, das nahende Ableben New Yorks, daraus, daß niemand von uns wirklich an dieses Ende glaubt. Unsere Stadt war immer die beste, stärkste, und unsere Menschen strotzten vor Vitalität. Man konnte sie achtmal niederschlagen, und sie erhoben sich mit einem Glanz in den Augen, als habe der Kampf noch gar nicht richtig begonnen.

Wir waren eine Stadt der Optimisten. Darum auch verfingen wir uns so tief in unseren Fehlern. Wir konnten einfach nicht glauben, daß wir als Rasse – als namenlose Rasse der New Yorker – nicht unüberwindlich waren.

Nun sind alle unsere Probleme solche von Süchtigen geworden – sie gehören so sehr zu unserem Leben, daß wir New Yorker sie nicht zu lösen trachten, sondern vor ihnen davonlaufen. Unser Dilemma ist, daß wir Schwarzen und Puertoricanern die Schuld geben. Dabei kann niemand wirklich sagen, wen die Schuld trifft...

New York kann erst gerettet werden, wenn seine Männer und Frauen fest daran glauben, daß es die imposanteste und schönste Stadt der Welt werden muß, die großartigste, schöpferischste, außergewöhnlichste, gerechteste, überwältigendste und ausgeglichenste aller Städte. Nichts Geringeres wird von uns gefordert... New York muß bereit sein, der westlichen Zivilisation den Weg zu weisen. Solange es diese Rolle nicht übernimmt, wird es lediglich das erste Opfer der technologischen Revolution sein, gleich wieviel Geld seinem Budget zufließt. Geld und soziale Lösungen sind ebenso verwandt miteinander wie Wasser und Blut. □

Wolkenkratzergipfel im Abendlicht

Manhattans Boden ist eng. Also geht man einfach in die Luft. Ob diesem Ausweg Grenzen gesetzt sind, untersucht hier Wolf von Eckardt.

Fotos: Mante, Held

In den Wolkenkratzerwäldern

Fast vierzig Jahre lang beherrschte das elegante, 102-stöckige Empire State Building die berühmte Skyline von Manhattan. Doch nun haben die stumpfen Zwillingstürme des World Trade Center, zehn Stockwerke höher, die Skyline erheblich aus dem Gleichgewicht gebracht. Und wenn es nach der New York City Planning Commission geht, werden wir bald noch mehr solche Ungeheuer sehen. Sie sind auf dem besten Wege, New York unbewohnbar zu machen.
Ich weiß, schon seit zwei Jahrzehnten heißt es: New York zerstört sich selbst. Doch in diesen zwei Jahrzehnten entstanden in New York 195 neue Wolkenkratzer mit insgesamt siebeneinhalb Millionen Quadratmeter Büroraum – doppelt soviel, wie im selben Zeitraum in den neun nächstgrößten Städten Amerikas zusammen gebaut wurde. Und der Boom hält an.
Die Planungskommission aber erklärte: „Wir fürchten uns nicht vor dem Popanz hoher Bevölkerungsdichte." Nur ein Mitglied, Mrs. Beverly M. Spatt, eine Hausfrau, die einen Abendkurs über Städteplanung absolvierte, war anderer Meinung. Sie bezeichnete den Plan als „schieren Wahnsinn". Die übrigen hielten – in Übereinstimmung mit dem Gros der Stadtväter, den Kaufleuten der Innenstadt und den Grundstücksmaklern, der üblichen „Machtgruppe" fast aller Städte – eine weitere Konzentration im „unteren" Teil Manhattans nicht nur für unvermeidlich, sondern sogar für erwünscht. Sie sahen in einem Zuwachs an Wolkenkratzern den besten Weg zur höchstmöglichen Konzentration auf geringster Bodenfläche. Außerdem repräsentieren Wolkenkratzer, wie einst gotische Kathedralen, den Stolz der Bürger.
Geballte Konzentration – von Banken, Handelsfirmen, Managern, Werbeleuten, Verlegern, von Geld und Talenten aller Art – strebt nach immer geballterer Konzentration: Das ist der Grund der unglaublichen Macht, des unglaublichen Einflusses dieser Stadt. Wolkenkratzer sind ein Symbol ihres prometheischen Wesens. Die ersten von ihnen schossen in der Tat genau zu dem Zeitpunkt in die Höhe, als, gleich nach dem Bürgerkrieg, die wachsende wirtschaftliche Expansion im Verein mit finanzieller und geschäftlicher Zentralisierung immer höhere Bürobauten forderte. Und diese Forderung ergab sich zuerst in New York mit seinen schmalen Baugrundstücken. Der von Elisha Graves Otis erfundene elektrische Lift, Edisons Glühbirne und Zentralheizung, neue Entwicklungen auf dem Gebiet der Installation und vor allem Eiffels kühner Stahlturm hatten dem Hochhausbau den Weg bereitet.
Der erste Stahlskelettbau jedoch, das von William Le

World Trade Center während des Baus um 1970 und Gotik des General Electric Building hinter St. Patrick's – zwei Baustile, eine Welt

Fifth Avenue — die Magistrate vom Harlem River zum Washington Square

Foto: Heinz Held

Baron Jenny entworfene Home Insurance Building, entstand 1883 in Chicago – eine Bauweise, aus der sich bald die heute üblichen Konstruktionsprinzipien entwickelten. Louis Sullivan, ein Chicagoer Lokalpatriot, gab dem Wolkenkratzer seine eigene Ästhetik, bestimmt, wie er sagte, von der „Macht und der beeindruckenden Kraft der Höhe". Die Bezeichnung „Wolkenkratzer" prägte die *Chicago Tribune* am 13. Januar 1889. New York zögerte anfangs, die neue Bauweise zu übernehmen. Doch bald entstanden hier höhere Bauten als in Chicago.

Der Wolkenkratzer war ein Statussymbol. Fast wie die Nobili von San Gimignano im 13. Jahrhundert versuchten die Großfirmen, einander durch den Bau noch höherer Häuser auszustechen. In Boston spielt man dieses törichte Spiel noch heute: Die Perpetual Life Insurance Co. hatte ihren abscheulichen Riesenturm kaum fertiggestellt, als die John Hancock Life Insurance Co. auch schon bekanntgab, sie werde einen noch höheren, noch abscheulicheren bauen. Bei den auf ihr Prestige bedachten Gesellschaften New Yorks freilich sind Wolkenkratzer nicht mehr das *non plus ultra*. Ihrem Snobismus entspricht es eher, auf einem maßlos teuren Grundstück ein verhältnismäßig bescheidenes Haus zu errichten. So bleibt der Bau von Wolkenkratzern zumeist Spekulanten und ihren Dutzendarchitekten überlassen. Die Ergebnisse sehen auch danach aus.

Die Form der Wolkenkratzer ist nicht so sehr von der Absicht der Architekten als von komplizierten Bauvorschriften abhängig, die ihre Höhe begrenzen, um für Bau und Straße ein Mindestmaß an Luft und Licht zu gewährleisten. New Yorks Baugesetze, schon anderthalbtausendmal abgeändert, nötigten den ersten Wolkenkratzern die Form eines babylonischen Zikkurats oder eines Hochzeitskuchens auf, indem sie bestimmten, daß ihre Fassaden mit zunehmender Höhe immer mehr zurückweichen müßten. Doch als mit Gordon Bunshafts Lever House, 1952 fertiggestellt, Mies van der Rohes strenge Glaskästen Mode wurden, erreichten es die Architekten, die Zikkurat-Form gegen offene, für den Publikumsverkehr freie Flächen zu ebener Erde einzutauschen. Das von Mies selbst entworfene Seagram Building verwirklichte zum erstenmal den Gedanken, den Abstand zur Straße als eine Art offener Plaza oder Vorhof zu nutzen: eine klassisch formale Anlage mit Springbrunnen und sehr viel Stein. Nachahmer arbeiten gewöhnlich mit Bäumen in Kübeln und mancherlei Skulpturen; seither sind diese Vorhöfe längst Klischee geworden.

Die Bauvorschriften, inzwischen ein wenig flexibler als zu Anfang, sind dennoch keine Antwort auf die humane und städtebauliche Herausforderung der Wolkenkratzer. Denn der Mann im hochgelegenen Büro, die Frau im hochgelegenen Apartment führen ein besonderes Leben: in viel höherem Maße eingeengt und abgeschieden, als wohnten sie in der Nähe der Erdoberfläche. Der Abwechslungsreichtum, die zufälligen Begegnungen, die Anregungen des Tageslaufs an einer normalen Straße sind ihnen verwehrt – die kurze Fahrt im Schnell-Lift ist nun einmal etwas völlig anderes als ein Gang über die Straße. Weil Lifts teuer sind, gibt es nur wenige; die Folge sind lange Korridore und langes Warten nach einem Druck auf den Aufzugknopf. Sie sind automatisiert, also unbemannt – eine förmliche Einladung zu Vergewaltigungen und anderen Delikten, zumindest in den ärmeren Vierteln. Und sie sind in hohem Maße verwundbar: Wir haben es beim Stromausfall vor einiger Zeit erlebt – Tausende von Leuten, die stundenlang in den oberen Geschossen oder, noch unangenehmer, in überfüllten Liftkabinen festgehalten wurden. Besonders schlimm ist all dies für Kinder, denen der spontane Zugang zu Spielplätzen und Spielgefährten nicht weniger wirksam versperrt ist, als säßen sie im Gefängnis. Familien mit Kindern in Hochhäuser zu stecken, sollte – ungeachtet des Gesichtspunktes „optimaler Wohnraumnutzung" – gesetzlich verboten werden.

Doch auch Bürohochhäuser haben einen schädigenden Einfluß auf das Leben. In einzeln stehenden Wolkenkratzern, die sich über kleineren (und gewöhnlich älteren) Bauten mit ihren Cafés, Restaurants, Läden, Bänken, Bäumen und anderen Annehmlichkeiten erheben, fällt das noch nicht so sehr ins Gewicht. Doch wo sich die Wolkenkratzer drängen, werden die Straßen zu bloßen Tunnels, in denen die Menge auf schmalen Gehsteigen zwischen Wänden aus Glas oder Mauerwerk und ebenso soliden Wänden vorbeigleitender Autos durchgeschleust werden.

Die Folgen dieser Torheit, anstatt einzelner Wolkenkratzer ganze Wälder davon auf dem Boden einer Stadt zu errichten, die schlechthin unfähig ist, sie zu versorgen, werden im Gebiet der Grand Central Station erschreckend deutlich. Gewiß, die Glaskästen glitzern höchst eindrucksvoll, aber die Straßen sind unglaublich schmutzig und schäbig – von den unterirdischen Gängen und Verbindungswegen des Bahnhofs überhaupt nicht zu reden. Nachdem in diesem ohnehin schon übervölkerten Viertel 1963 das Pan-Am-Gebäude mit seinen 17500 Büroplätzen gebaut wurde, quetschen sich nicht weniger als 48600 Menschen durch die engen, unerfreulichen Gänge des Untergrundbahnhofs.

Mehr Untergrundbahnen, dazu ein unterirdisches Netz von Fußgängerpassagen und Verbindungswegen, behaupten die Planer, würden mit diesem Massenverkehr fertig. Ihre vom Wunschdenken inspirierten Skizzen zeigen an der Erdoberfläche hübsche Fußgängerwege, Plazas und Brücken über den Straßen. Hoch in der Luft gibt es weitere Brücken und Überwege zwischen den Gebäuden. Dieses mehrstöckige Verkehrssystem ist von Läden und Cafés belebt, von Restaurants und mancherlei Dingen, die das Leben leicht und angenehm machen. Bunte Fahnen flattern munter auf all diesen Zeichnungen. Die Straßen sind durch Zubringertunnels entlastet, die den Strom der Versorgungsfahrzeuge direkt in die Gebäude leiten. Alles ist Freude und Heiterkeit.

Nun, im World Trade Center ist einiges davon sogar verwirklicht worden – wie es auch 1932 im Rockefeller Center geschehen ist. Aber das World Trade Center wurde von der äußerst reichen New York Port Authority gebaut. Und das Rockefeller Center hatte John D. Rockefeller zum Bauherrn, der noch reicher war. Als es kürzlich um einige neue Wolkenkratzer erweitert wurde, blieben die unterirdischen Verbindungswege und Zugänge zur Untergrundbahn auf dem Papier. Die privaten Besitzer konnten sich nicht darüber einigen, wer welche Rechte habe und wer wo bezahlen müsse. Daß sich künftige Hochhausbesitzer anders verhalten, ist nicht zu hoffen.

Vorerst sind sie in keiner Weise verpflichtet, die kostspieligen technischen Träume der Planer zu verwirklichen. Und die nahezu bankrotte Stadt hat dringlichere Probleme zu bewältigen, als das Leben unter den bereits gebauten Wolkenkratzern weniger chaotisch zu machen.

Bis sie es kann, ist der Bau weiterer Wolkenkratzer und Superstrukturen, wie ein Beobachter bemerkte, eine ebenso vielversprechende Therapie der Krankheiten New Yorks wie der Versuch, Lungenkrebs durch eine kräftige Erhöhung des täglichen Zigarettenkonsums zu kurieren. □

Zum Madison Square führen fast alle Paraden, auch die vom Armistice Day Foto: Viktor

Von allen lebenden Schriftstellern und Dichtern, die New York hervorgebracht hat, ist Henry Miller der absoluteste und freieste. Ein Tabu-Zertrümmerer, für den es nur eine Unmoral gibt: Trägheit des Herzens. Zeitlebens leidet er am Sündenfall des Zivilisatorischen. Dennoch stellt er sich ihm, wo er auf ihn trifft – und sei es in der fluoreszierenden Erscheinung seiner Vaterstadt. Indem er sich aber mit ihr auseinandersetzt, offenbart er auch, wie tief sie ihn und sein Lebenswerk geprägt hat.

Henry Miller: Überhitzte Erinnerungen

Wenn ich an New York denke, sehe ich es vor mir als ungeheure Lüge, als Täuschung, Betrug – als einen Alpdruck; ich meine dabei vor allem Manhattan.

Wie imponierend, wie grandios, wie unvorstellbar mächtig erscheint es vom Flugzeug aus oder vom Deck eines Ozeandampfers, der in den Hafen einläuft. Und dennoch hat mich, sooft ich von Anhalter-Fahrten ins Hinterland oder von einem Auslandsaufenthalt dorthin zurückkehrte, sein bloßer Anblick mit Furcht, Ekel und Verzweiflung erfüllt. Niemals habe ich Heimweh danach empfunden. Kaum war ich ein Mann geworden, ging all mein Sinnen dahin, zu entweichen, es für immer zu verlassen.

Ich war bereits Lohnsklave, Büroangestellter der Atlas Portland Cement Co., als das Woolworth Building errichtet wurde – es war einer der ersten Wolkenkratzer. Vier Jahre lang stiefelte ich jeden Morgen und jeden Abend durch den engen Cañon der Nassau Street zu meiner Arbeitsstelle oder heimwärts. Mit mir strömten Tausende von anderen kläglichen Existenzen, alle anmarschierend, genauer: heranschwärmend zu ihren jeweiligen Jobs. Sklaven mit weißen Hemdkragen, waren die meisten von uns verdammt, ihr Leben zu vertun in diesen hohen Kästen, die weder Hoffnung noch Freude, noch Frieden, ja nicht einmal die Chance eines Traumes boten. Tief unten, auf offener Straße, am Curb Market, sah man offenbar taubstumme Wahnsinnige mit Aktien und Schuldverschreibungen handeln, von der fixen Idee besessen, ein Vermögen zu machen.

Mein erster Eindruck von Manhattan ist der eines Jungen von sieben oder acht Jahren, der mit seiner Mutter einkaufen geht: an einem rauhen Wintertag, die Straßen flankiert von Schnee- und Eisbergen. Die Trambahnen quer durch die Stadt wurden damals noch von Pferden gezogen, auf die man unbarmherzig einschlug, wenn sie auf den vereisten Straßen ausrutschten. Im Wagen stand ein riesiger, dickbäuchiger Ofen, mit Kohle und Holz gefüttert, weit verschwenderischer als nötig, um die Fahrgäste warm zu halten. Die Fährboote, die zwischen Brooklyn und Manhattan pendelten, wurden noch übertriebener geheizt. Tatsächlich, meine Erinnerungen an diese frühen Tage führen immer wieder in überheizte

Kaufhäuser, Trambahnen und Fährboote. Natürlich gab es auch den wunderbaren Madison Square Garden, wo ich den Circus sehen durfte und Buffalo Bills Wildwestschau. Und den Saloon in der Second Avenue, geführt von meinem Onkel Paul aus Hamburg, wo ich junger Bursche in einem Hinterzimmer Klavier spielte, damit die Älteren tanzen konnten. Ein paar Jahre später – ich ging noch in die Oberschule – besuchte ich gleich hinter dem altmodischen Herald Square ein französisches Bordell, wo ich mir prompt meinen ersten Tripper holte.

Geboren bin ich über einer Kneipe in Yorkville, dem deutsch-amerikanischen Viertel in Upper Manhattan nahe dem East River. Noch vor meinem ersten Geburtstag zog die Familie in den Williamsburg-Bezirk von Brooklyn, bekannt als 14. Bezirk, und hier verbrachte ich acht oder neun herrliche Jahre, eine der drei besten Perioden meines Lebens. Während der Ferien wurde ich zu meinen Vettern gesteckt, deren Eltern noch in der alten Umgebung lebten, wo ich geboren war – 85ste Straße und York Avenue. Ich fühlte mich dort ganz zu Hause, wahrscheinlich weil meine Onkel und Tanten so einfache, gutherzige Leute waren, träge, vergnügungssüchtig und bar jeden Stolzes oder Ehrgeizes. Wir Kinder wurden häufig losgeschickt, „to rush the growler – den Bierkrug zu hetzen", was eine Stippvisite in der nächsten Bierstube bedeutete, um einen Ton- oder einen großen Zinnkrug voll guten, schäumenden Lager-Biers zu holen, das die Erwachsenen großzügig schlürften.

Richtig vertraut mit der City von Manhattan wurde ich erst, als ich Personaldirektor der Boten-Abteilung in der Western Union Telegraph Company geworden war. Außer dem Einstellen und Rausschmeißen von Boten den ganzen Tag über begleitete ich oft den Detektiv der Firma zu den Zweigstellen, von denen es über einhundert gab. Diese Inspektionsfahrten, mit Umwegen zu den Wohnungen unzuverlässiger Burschen, zu den Ring-Büros und Jugend-Heimen und so weiter, führten mich in jeden Winkel der City, gewöhnlich in die unerfreulichsten Gegenden. Solche nächtlichen Unternehmungen verschafften mir einen Einblick in das Großstadtleben, der unvergeßlich geblieben ist. Ich kam mir vor wie ein Chirurg, der einen von Seuchen durchlöcherten Leib aufschlitzt. Wenn die Verhältnisse seither noch schlechter geworden sind, noch viel verderbter, so darf man nicht vergessen, daß schon damals alle Elemente gegeben waren, die zu den erschreckenden gegenwärtigen Zuständen führten. New York war seit je eine Stadt der Slums, der Ghettos, der Banden und der Gangster, dreckig, laut, voll von Verbrechen, Korruption, Gewalt, immer ungesund, häßlich, gewöhnlich: ungewöhnlich nur in seiner Größe und Energie. Eine Stadt ohne menschliche Wärme. Wehe dem einsamen, verzweifelten Fremden, der sich hier ohne Arbeit, ohne Freunde, ohne Geld fand; er wäre besser tot. Ich denke an jene Bänke in den öffentlichen Parks, auf die ich mich so oft hinsinken ließ, zu Tode erschöpft vom Umherstrolchen mit leerem Bauch, hungrig, hoffnungslos, grübelnd, was ich tun könnte, wohin gehen, wen um Hilfe anflehen und was das

alles bedeute. Ich denke an die Bowery, durch die ich morgens und abends einhertrottete, als ich für meinen Vater im Schneiderladen an der 30sten Straße nahe Fifth Avenue arbeitete. Die Bowery war nicht der schlimmste Schandfleck; sie war eher denkwürdig in ihrer Verwahrlosung, in ihrem Elend, weil sie keinen Hehl daraus machte, weil ihre erbärmlichen Bewohner sich nicht drum scherten, stockbetrunken mitten auf der Straße oder in der Gosse zu liegen. Aber es gab Dutzende anderer Viertel, genauso widerlich, genauso unvorstellbar, die gut versteckt waren, an denen niemals ein Sightseeing-Bus vorüberfuhr.

Dennoch war es mitten in einem „Ghetto", der Lower East Side, wo ich manche lehrreiche fröhliche Nacht genoß, so seltsam sich's auch anhört. Die ganze Lower East Side – von ziemlich beträchtlichem Umfang –, weithin bewohnt von Einwanderern, verfügte über zahlreiche spaßige Cafés im Stil der Alten Welt, in denen man Musik hören und diskutieren und Freundschaften schließen konnte mit Einzelgängern, die in puncto Kultur etwas zu bieten hatten. Obwohl sich dort vieles inzwischen geändert hat, empfehle ich Ausländern stets einen Besuch dieser Gegend. Sie ist für mich immer noch der Teil von New York, den kennenzulernen der Mühe wert ist. In diesem Ghetto entdeckte ich, daß ich mich über Gestalten wie Dostojewski, Tolstoi, Kropotkin, Maxim Gorki, Bergson, Rabelais, Rabindranath Tagore, Skriabin, Nostradamus und eine Menge andere eindringlich unterhalten konnte. Aus diesen und anderen armen Bezirken der Stadt sind einige unserer besten Schreiber, Schauspieler und Musiker hervorgegangen.

Es gibt Armut und Armut. Manche verstehen sie zu ertragen, sie zu überleben, stark zu werden unter ihr; andere werden von ihr zermalmt, erstickt, vernichtet. Wie dem auch sei, mir scheinen Armut und Elend, wie sie damals grassierten, von anderer Art als heute. Heute, daß wir uns recht verstehen, ist Armut völlig sinnlos; es gibt keine Entschuldigung dafür. Heute bieten New Yorker Straßenszenen, diese „happenings", wenn man Krawalle und andere Demonstrationen so nennen will, ein schmähliches Schauspiel von Haß und Entzweiung. Die „Opfer" wissen, was verkehrt ist, wissen, daß man es morgen ändern könnte, wenn man nur wollte. Aber ihre Geduld ist zu Ende, sie glauben den Versprechungen ihrer vermeintlichen Führer nicht mehr. Sie sind auf Zerstörung aus, da alle anderen Auswege verbaut sind. Die Wolkenkratzer sind nicht ihr Stolz, die Raumfahrer auch nicht. Sie möchten nur saubere Luft atmen, unverfälschte Nahrungsmittel essen, in Wohnungen leben, die für Menschen geschaffen sind und nicht für Ratten und Gorillas. Ihre heutige Armut ist schlimmer als je zuvor, allen Wohlfahrtsprogrammen zum Trotz.

Nachts von der Spitze des Empire State Building auf die Stadt hinabzuschauen – welch magisches Erlebnis! Hinunterzusteigen aber und durch die Straßen zu gehen, kann ein recht anderes Erlebnis werden. Schon im Taxi bestimmte Viertel aufzusuchen, kann riskant sein. Oft weigert sich der Fahrer, dorthin zu fahren. Wo einst Aristokraten wohnten, sind heute Slums. Die Wohlhabenden entweichen mehr und mehr in die Außenstädte und noch weiter. Vielleicht wird eines nicht fernen Tages die City nur noch ein riesiger Slum sein, bewohnt allein von Verachteten, Unterdrückten, Ausgestoßenen. Vielleicht werden selbst die Wolkenkratzer veröden, überzählige Monumente einer vergessenen Blütezeit.

Der Fremde, der auf eine Kostprobe weltstädtischen Lebens aus ist, braucht nur mit der Subway zu fahren. Verglichen mit den Untergrundbahnen von London, Moskau oder Montreal ist das ein Unterschied wie Tag und Nacht. Nirgends in der zivilisierten Welt wird man eine so vulgäre, elend aussehende Menschenherde antreffen wie hier. Es ist etwas Minderwertiges, etwas Verlorenes, Untergegangenes, Untilgbares um sie. Ob morgens, mittags oder nachts, immer sehen sie gleich aus. Sie sehen aus wie Passagiere, die von einem Ende der Hölle zum andern pendeln.

In den alten Tagen wurde man oft genug Zeuge von Krakeel zwischen Betrunkenen, von Faustkämpfen und Bandenschlachten; heute regieren der Revolver, das Messer, die Rasierklinge, der Molotow-Cocktail, nicht allein in den Händen hartgesottener Krimineller, sondern auch in Händen von Teenagern und Jungen aus guten Familien. Drogen aller Art sind leicht erhältlich, auch für Jugendliche oder besonders für Jugendliche. Die Polizei ist der Feind Nummer eins, ob zu Recht oder Unrecht. Der Lehrer gilt als lächerlicher

Popanz. Eine weltberühmte Straße wie die 42ste – „Times Square, Gipfel der Welt" – wurde zur offenen Kloake. Sicher, es gibt Oasen, aber sie zählen nicht zu „where it is at – zu wo sich's gehört", wie man so sagt.
Was mich bei jeder Wiederkehr am meisten erschüttert, ist der gewaltige Unterschied zwischen „alt" in einer europäischen Stadt und „alt" in New York. Städte wie Menschen können auf zauberhafte Art alt werden, können Würde und Charme bewahren, ja oft werden sie mit dem Alter noch faszinierender. Nicht die amerikanische Stadt. Nicht amerikanische Männer oder Frauen. Bei ihnen, Menschen wie Städten, enthüllt das Alter den inneren Verfall, die angeborene Häßlichkeit, die vollendete Armut des Geistes. Man fragt sich, wie dieses Babel der modernen Welt jemals für menschliche Wesen wohnlich gemacht werden kann. Es genügt nicht, die Slums niederzureißen oder jeden verarmten Bürger auf Almosen zu setzen; man muß einen neuen Menschen zeugen, einen neuen Geist eingießen, neues Blut in diese verdutzten armen Teufel. Man kann keine Modellstadt bauen ohne Modellbürger. Wo bekommen wir sie her? Politiker können sie nicht erschaffen noch Arbeiterführer, noch Pfaffen, noch alle Weltverbesserer zusammen. Der Vorgang der Entartung verläuft schneller als jener der Erneuerung. Eine Gemeinschaft ist nur so gut, so groß, so einflußreich, wie ihre kleinsten Elemente es zulassen. All die berühmten verschwundenen Weltstädte von einst bargen in sich den Keim der eigenen Zerstörung. Der wahre Feind ist stets der Feind im Innern.
Ich werde keine Tränen vergießen über New Yorks Hinscheiden, falls ich es erlebe. So mächtig es ist, seine Stärken bedeuteten mir nie etwas. In meiner Vorstellung ist es bereits eine tote Stadt, zerbröckelnd von oben bis unten. Die einzige Gegend, auf die ich mit Liebe und Achtung zurückblicke, ist der 14. Bezirk in Brooklyn, wo ich die ersten neun Jahre meines Lebens verbrachte. Nichts Aufsehenerregendes hatte das Viertel, seine Einwohner waren gar nicht außergewöhnlich. Warum gebe ich ihnen dennoch eine Sonderstellung? Vielleicht weil ich da unschuldig war und mit den Augen eines Kindes sah.
Aber wie der hl. Paulus sagt: „Da ich aber ein Mann ward, tat ich ab, was kindisch war."

Poesiebilder aus New Yorks Jugend

Der deutsche Wintergarten, Bowery Numero 45, in einer Aquarellzeichnung aus dem Jahre 1856, auf der die fortschrittliche Eisenkonstruktion gut zu erkennen ist. Karl Theodor Griesinger schrieb 1858 in *Lebende Bilder aus Amerika:* „Lebensmittelhändler sind stets Deutsche. Bevor sie nach New York kamen, müssen die Amerikaner Reißaus genommen haben vor diesem Geschäft. Die größte Qual für die Deutschen ist das Sonntags-Gesetz ... aber die New-York-Deutschen haben das ‚geistliche Konzert' erfunden ... und in den Restaurants klingt es, als kämen Strauß-Walzer aus den Trompeten ... es dürfte schwer sein, das Kirchliche herauszuhören ... unter dem Geklingel der Biergläser. Dicht bei dicht sitzen sie vor vollen Humpen, mampfen Brot und Käse und tun ihren Seelen Gutes an."

Unteres Bild: Präsident Lincolns Leichenzug am 25. April 1865 vor New Yorks City Hall; Werbe-Plakat einer Metallsarg-Fabrik.

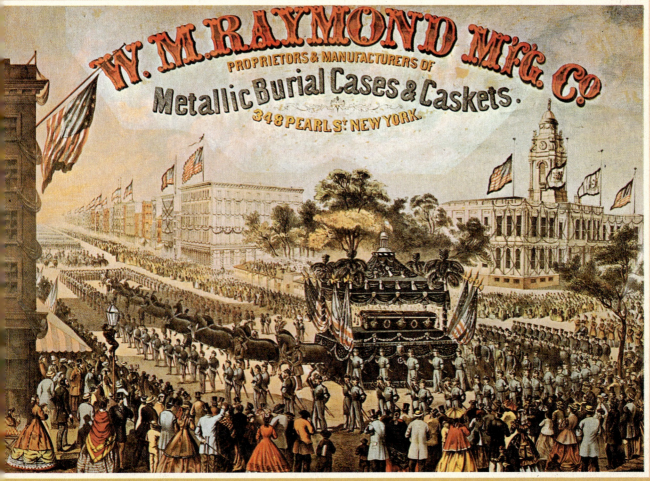

W. M. RAYMOND M'F'G. CO.
PROPRIETORS & MANUFACTURERS OF
Metallic Burial Cases & Caskets.
348 PEARL ST. NEW YORK.

Ein amerikanischer Traum   Foto: Heinz Held

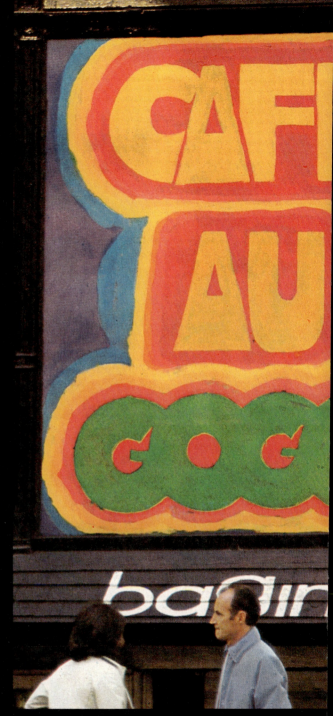

Je mehr Greenwich Village Touristenattraktion und Domizil der Snobiety wurde, desto mehr wichen Künstler und solche, die sich dafür halten, in die billigeren Straßen zwischen Bowery und Tompkins Square aus, ein ganzes Viertel – ihr East Village – in Pop und extravagante Farben tauchend. Die Bilder dieser Seiten fotografierte Heinz Held

CITY WITHOUT WALLS

W. H. Auden
(21. 2. 1907–29. 9. 1973)

Besuch bei Auden. Der Taxidriver scheint Bescheid zu wissen. Vor Tagen stand ich schon einmal vor dem Haus in St. Mark's Place, East Village. Diesmal klingle ich. Der Summer. Und eine Stimme von oben „Mister Keller?" Am oberen Ende der düsteren Treppe erwartet mich das große ungeschlachte Mannsbild, das mythische Seefahrergebirge; aus abtastenden Augen aufmerksam gütiges Fragen. Ich steige die ausgetretenen Holzstufen empor. Das Geländer ist ohne Farbe, der Kalk bröckelt von den Wänden. Durch blinde Scheiben kommt diffuses Licht. Vorsichtiges Herreichen der Hand zur Begrüßung. Der großen Tatze. Hineinziehen in die Wohnung, in eine unübersichtliche Folge von Räumen, die alle in einer Hinsicht einander gleichen: Bücher, Zeitschriften, Papier bedecken alle Flächen, Stühle, Tische, Borde, den Fußboden hie und da nicht einmal ausgenommen.

Wir lassen uns nieder. Ich bemühe mich, den Stuhl erst zu leeren; W.H.A. läßt sich mit Gleichmut auf Hefte, Zeitungen, Bücher fallen, die auf einem grünen Sofa abgelegt sind; einiges allzu Störende unter seinem Gesäß fortwischend. Vor ihm ein großer Aschenbecher, angefüllt mit etwa fünfzig Zigarettenstummeln. Auf dem Tisch ganze Stangen von Lucky Strike, mehr oder weniger angebrochen. Die zum Rauchen entschlossenen Finger greifen immer nach der jeweils am nächsten liegenden Packung: jede Systematik scheint verpönt. Im Nachbarzimmer offenbar ein dienstbarer Geist. W.H.A. steht einmal auf und geht mit großen Schritten hinüber, um zu fragen, ob man am Freitag wiederkomme. Eine weibliche Stimme bejaht.

Das Viertel, ja, er lebt nun schon über 15 Jahre hier im East Village.

Phantastische Formen, fangzahnscharf,
knochennackt, was zu Byzanz den Malern
Kürzel war für das Schrankenlose
jenseits der Pfähle, für rechtlose Räume,
wo Drachen wohnen und Geister schweifen,

Besiedelt allein von Ex-Weltkindern,
zerknirschten Sophisten und Sodomiten,
sichtbarer Sachverhalt vordergrundsnah,
reale Strukturen von Stahl und Glas:
Einsiedler, notgedrungen, sind alle

In riesiger Zuchthäuser gezählten Höhlen,
Hotels, erdacht, vollends zu verderben
ihre mürrischen, vorverdorbenen Gäste,
Fabriken, die den zweckmäßigen Menschen
des Hobbes als Fließbandprodukt produzieren.

Jeder Sträfling besitzt einen Schlüssel zur Straße,
nur sind die Asphaltlande gesetzlose Marken,
wo sich Banden befehden und wo Polypen
zu Räuberbaronen werden: Leichtsinnig,
wer nach Dunkelwerden diese Wildnis durchwandert.

Doch elektrische Lampen erlauben allnächtlich
Zellen-Zusammenkünfte, wo Subkulturen
Palaver halten dürfen, gleichgesinnte,
ihre Zungen tätowiert durch den Stammesjargon
des Geschäfts oder Lasters, das alle verbrüdert;

Und Durchschnittscafés, die offenbleiben,
wo Bauchredner in verbrauchter Luft,
schlaksig-schlenkernd und arbeitsscheu
Unsinn salbadern, skrupellose Credos
für ein Dutzend Düpierter, bis der Morgen dämmert.

Jeden Werktag zieht Eva hinab zu den Läden,
ihre Nahrung zu schnappen, ihr Futter zu finden,
indes Adam erjagt einen mäßigen Dollar:
Verschwitzt in der Abendzeit essen sie beide
ihr Brot in der Langenweile des Geistes.

Das Weekend kommt — einst war es heilig —
als freier Tag noch, aber nicht mehr als Feiertag,
ein Loch in der Zeit, mit eigenem Rhythmus,
wo niemand sich kümmert, was sein Nachbar tut:
Jetzt braucht man vor allem Zeitung und Radio.

Was sie sehen, es mag minder als Müll sein,
was sie hören, Geräusch ohne Witz.
Doch bietet es Zuflucht, beschützt sie gar
vor des Sonntags Fluch, dem Basilisken-Blick
des Nichts, unserem bösartigen Widersacher.

Denn was sollen Nichtse dem Nichts erwidern?
Noch stellen sich Super-Figuren gesellig,
beflissenem Fotosport freundlich gefügig.
Gewöhnliches Fleisch aber hat keinen Kurs:
Maschinen tun besser, was Muskeln taten.

Bald werden Computer alles austreiben
aus der Welt bis auf die paar Spitzen-Gehirne;
die Ichs, die sie freisetzen, müssen selber schürfen
nach Wert und Würde im finsteren Reich
der Hobbys, in Sex und Verbrauch; verlorene

Raufereien mit Geistern. Gegen wen sollen Söhne
sich zusammenrotten zum Rebellieren,
wo Kobold-Vater und Hauzahn-Mutter
Traummonstern gleichen wie Dinosaurier
mit festeingebautem Effekt des Veraltens?

Rücksichtsvolles Aufeinanderzugehen mit behutsamen Fragen. Ganz unamerikanisch. Es hat sich vieles, nein, alles verändert. Und stets zum Schlechteren. Die Jugend ist nicht mehr seine Jugend. Aber die Freunde leben hier. Viele Freunde. Deshalb bleibt er; kommt jedes Winterhalbjahr wieder – aus seinem Kirchstettener Haus im Wienerwald. Der Wechsel ist heilsam. Ausgleichend. Bewegende Natur für sich allein genommen ist so absurd wie isolierte Zivilisation. Der menschliche Bezug ist alles. Zumal in der Stadt. Wir sind beim Thema.

Ja, sagt er, alles, was über New York denkt, ist gerade fixiert worden. Sein großes neues Gedicht – in Stabreimen, Sie verstehen? – eben bei Faber & Faber in London erschienen: „City without walls", Stadt ohne Mauern. Stadt ohne Wände. Das Röntgenbild New Yorks, ja, es stehe mir zur Verfügung, ich könne daraus bringen, was mir beliebt. An eine Übertragung ins Deutsche sei noch nicht gedacht, ich sei frei in der Wahl des Übersetzers. Ich frage nach dem Interpreten von „Zeitalter der Angst".

W.H.A. lächelt schmerzlich: Der habe nur die Hälfte des Poems übertragen und an keiner Stelle des Buches verraten, daß die andere Hälfte fehle. Das große Prophetenhaupt nickt verzeihend. Nichts ist wichtig. Wichtig allein ist das von ihm gesetzte Wort. Ich frage nach „Secondary worlds" und berichte, daß es in keiner Buchhandlung zu haben war. Er erhebt sich, geht ins Nebenzimmer und holt seinen eigenen Band, ein fleckiges Exemplar mit Gebrauchsspuren. Ich kann es haben, er beschaffe sich ein neues. Er wolle nur noch einige der schlimmsten Druckfehler beseitigen. Und er läßt sich wieder nieder, macht aus ‚when' auf Seite 15 ‚whom', aus ‚ensure' auf Seite 141 ‚ensue' und schiebt es mir zu. Gleich steht er wieder auf, holt Heisenbergs neues Buch „Der Teil und das Ganze" und rühmt die einfache, klare Sprache, das unprätentiöse Vortragen auch schwieriger Zusammenhänge. Besonders verweist er mich auf das Kapitel, in dem Heisenberg seine einstigen Überlegungen zur Frage des Auswanderns darlegt. Das seien die eigentlichen Fragen unserer Zeit. Der Mensch als ein nicht beliebiges Wesen. Das tiefzerfurchte, ledergegerbte Gesicht blickt wie ein Löwe hinter Käfiggittern in eine imaginäre Steppenferne. Die Macht des Seins.

Dann spricht er von seiner Übertragung der Edda. Daß ihm Gegenwart dabei begegnet sei. Die Macht des Seins.

Es klingelt. Er geht zur Tür, betätigt den Drücker und ruft nach unten – die Post. Jemand bringt etwas, ein Bücherpaket aus London? Auden strahlt: Wahrscheinlich seien es die ersten Exemplare. Aber als er dann auspackt, purzeln Glasflacons heraus. Kullern über den Boden. Ich helfe aufheben. Er räumt alles beiseite; ich frage schnell nach Henze. Der habe sich neuen Themen zugewandt, der Politik verschrieben, liebäugle mit Revolutionsstigmata. Damit gerate die Kunst, das „Eigentliche", ins Hintertreffen. Das sei seine Einstellung nicht...

Als ich mich zum Aufbruch rüste, fragte der große, alte Weise nach meinem Alter. Und nach meiner Wiederkehr. Und ermahnt mich, in Kirchstetten hereinzuschauen, falls mich einmal sommers der Weg vorbeiführe. Ein behutsamer und doch fester Händedruck, der Hüne geleitet mich mit den Augen die Treppe hinunter und murmelt Freundliches. Ich bin einem Außergewöhnlichen, einem Unzeitgemäßen begegnet.
W. K.

Ein Apparate-Zeitalter und doch so weltfremd
wie damals, als gefiltertes Licht
auf die ersten Menschen im Nachtwald sickerte,
wenn sie stumm an der Wasserstelle warteten
auf die magischen Wildtiere, die sich Pfade traten.

Kleines Wunder dann, wenn viele Krebs
als die einzig gebotene Karriere annehmen,
die der Mühe wert ist; wenn Spitäler voll sind
von Leuten, die sich für Jesus Christus halten
oder für schuldig unverzeihlicher Sünde:

Wenn arkadische Wiesen, wo klassische Schultern
und barocke Gesäße elegant figurieren,
ein zu harmloser Traum sind für die Verstörten,
deren unzüchtige Einfälle Fleisch entstammen,
das Schmutzworte, Schaden, Schmach verderbten.

Wenn ein paar noch bejubeln ein Spiel, das endet
mit Wärme, und allen das Wort vergeben,
wie, selig, vertrauend, die bräutlichen Paare,
ländlich oder städtisch, im Kreise tanzend
die Sterne widerspiegeln, ihren prächtigen Reigen.

Wenn alles dahinging in der Zukunft, die wir malen,
wo wüst und leer giftverseuchte Gebiete
die kleinen vereinzelten Flecken umgeben,
da noch Marschen und Forste Heimat gewähren
– so gut sie's vermögen – einem Menschenrelikt,

Verkümmert an Wuchs, seltsam mißgebildet,
bis fünf nur zählend, keine Null mehr kennend,
anbetend einen Ju-Ju-General Mo,
in Gruppen, über die Großmütter herrschen,
haarige Hexen, die in Winternächten

Ihnen Märchen erzählen von blonden Elfen,
deren Zauberkraft die Gebirge bannte,
von Zwergen, geschickt in der Kunst, zu schmieden
die raren Schatzhorste der Blechkanister,
die sie flach hämmern für ihre Hüttendächer.

Keine Wahl haben sie, keinen Wechsel kennen sie,
ihr Schicksal fügten Vorvoreltern,
deren Älteste die weisen Geister sind,
die durch die Münder maskierter Zauberer
Segen spenden oder Blutopfer fordern.

Noch immer steht reich und gefeit Megalopolis:
Glücklich wohl jener, der besseren Los erhofft,
was sie erwartet, mag gut noch schlechter sein.

So gingen meine Gedanken um drei Uhr nachts
in Mittel-Manhattan, jäh unterbrochen
durch den Kurzschluß einer geharnischten Stimme:

„Was für Spaß und Spiel findest du darin,
Jeremia plus Juvenal darzustellen:
Schande über dich, deine Schadenfreude."

„Ich!" so prahlt' ich, „wie moralisch wir werden.
Ein Pococurante? Angenommen, ich wär einer,
dann bitte was, wenn Wahrheit mein Wort wäre."

Belästigt, darauf eine dritte Stimme:
„Um Gottes willen, geht endlich schlafen!
Beim Frühstück wird's Euch schon besser gehen."

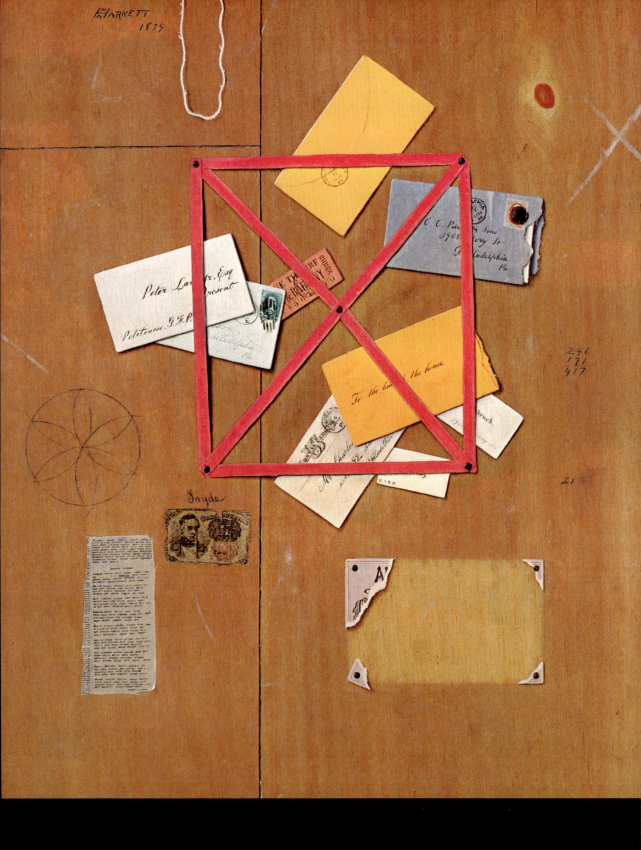

William Michael Harnett (1848–1892): Das Notizbrett.
Öl auf Leinwand, 1879; Metropolitan
Museum (M. K. Jesup Fund, 1966).
Harnetts Malerei steht vorrangig für
eine spezifische Begabung amerikanischer Kunst:

Sabina Lietzmann # Fast ein Freistaat: Greenwich Village

Eine Stadt ohne Geschichte? Neu-Amsterdam ist verschwunden, versunken unter den Mammut-Türmen des Financial Districts von Wall Street. Nur an einer Stelle des Raubfisches Manhattan, der stachelschuppig südwärts steht, dem freien Ozean entgegen, etwa da, wo seine Kiemen sitzen, da weht noch ein Hauch von Vergangenheit, der längere Atem über Generationen hin weitergegebener Überlieferungen: in Greenwich Village, oder schlicht im Village – im Dorf, wie seine Bewohner sagen. Und doch gibt sich dieser Stadtteil ohne jede Antiquiertheit, vielmehr lebensprühend und avantgardistisch, tolerant gegen jedermann und sehr unabhängig, dabei empfindlich gegen Eingriffe von außen – ein selbstbewußtes Gemeinwesen eigener Art.

Als die Stadtväter von New York im Jahre 1811 einen Gitterrost schnurgerader Straßenzüge über den unerschlossenen Boden von Manhattan legten, war es für Greenwich Village bereits zu spät. Die kapriziöse Gemeinde, eben erst dem Stadtgebiet von New York amtlich einverleibt, hatte schon zu lange, fast über zwei Jahrhunderte, ein Eigenleben geführt, um sich nun dem Schema geplanter Rechtwinkligkeit zu unterwerfen. Dies war ein Gelände blühender Farmen und stattlicher Anwesen. Hier, außerhalb der eigentlichen Stadtgrenze, die bei Wall Strett verlief, hatten sich die holländischen Gouverneure ihre Landsitze angelegt. In dem Dorf, das damals noch Bossen Bouwerie hieß (Farm in den Wäldern), züchtete Peter Stuyvesant Pfirsichbäume, die bis ins vorige Jahrhundert überdauerten; die Gutskapelle, nach einem Brand 1799 wiederaufgebaut, ist eine der ältesten Kirchen von New York (Second Avenue und 10th Street). In dieser Kirche ist Stuyvesant begraben. Auch die Engländer, voran der britische Flottenadmiral Sir Peter Warren, schätzten den ländlichen Charakter der Bouwerie, der sie 1664 den Namen Greenwich gaben, und schließlich bauten sich die wohlhabenden New Yorker Familien der Rhinelanders, Delanos, Brevoorts ihre Häuser an dem Platz, der einmal die öffentliche Richtstätte vor den Toren der Stadt, inzwischen jedoch mit einem Zaun umgeben und zum Park erklärt war. Washington Square ist nicht nur zu einem Titel in der Literatur geworden, er ist auch ein Symbol für amerikanische Stadtaristokratie.

Auch eine Sehenswürdigkeit für brave Städter ist Greenwich Village von Anfang an gewesen. Im Jahre 1679 besuchten zwei neugierige Missionare das Dorf und berichteten, es habe dort recht gutes Bier zu trinken gegeben. Der leichtere Lebensstil abseits von Druck und Hast des schieren Kommerz, die lebensfrohe Geste, Charme und Noblesse seiner Proportionen haben, scheint es, das Dorf von Anfang an ausgezeichnet. Henry James, unweit des Washington Square geboren, den er zu literarischem Ruhm gebracht hat, bemerkte hier nach seiner Rückkehr aus England eine „Gelassenheit, die andernorts in dieser ausgedehnten, schrillen Stadt nicht oft zu finden ist. Diese Gegend von New York hat ein reiferes, reicheres, würdigeres Aussehen als andere Ausläufer der großen Längsdurchbrüche, eine Aura, die auf Gesellschaftsgeschichte schließen läßt."

Noch heute wirkt Greenwich Village, obschon wie jeder andere Stadtteil auch mit massiven Wohnburgen versehen, als eine Landschaft vorwiegend niedriger Gebäude zwischen den Wolkenkratzerballungen von Midtown und dem Finanzdistrikt; in der Stadtsilhouette von Manhattan bildet es ein Wellental. In einer Stadt historischer Kurzatmigkeit ist Greenwich Village der einzige Distrikt, dessen Bauten vorwiegend aus dem vorigen Jahrhundert stammen. Um seine architektonische Geschlossenheit vor dem Zugriff profitgieriger Bauunternehmer zu schützen, hat die Stadtverwaltung, von der Gemeinde nachdrücklich unterstützt, das gesamte Stadtgebiet im April 1969 unter Denkmalsschutz gestellt. In Manhattans Baumuster aus Glassäulen und Betonscheiben behauptet Greenwich Village seine Individualität. Es ist das ideale Spaziergelände von New York. Die schmaler werdende Inselzunge preßt hier das Rasternetz der Straßenzüge in spitze Winkel und krumme Gassen zusammen; die Numerierung geht in Straßennamen über, die Manhattans Frühgeschichte aufbewahren. Bank Street erinnert an die Seuchen des frühen 19. Jahrhunderts, vor denen Menschen – und Banken – in die gesünderen Gefilde von Greenwich Village flüchteten. Die winklige Minetta Street folgt dem Lauf des kapriziösen Baches Minetta Brook, der sich unterirdisch

Vornehmes Greenwich Village: St. Luke's Place

Foto: Paul F. Viktor

durch das Village schlängelt und gelegentlich bei Bauarbeiten Fontänen in die Oberwelt entsendet. Eine davon ist, in einem Glaszylinder sprudelnd, in der Eingangshalle des Apartmenthauses 2 Fifth Avenue zu sehen.

Der Spaziergänger findet in den Straßen und Häusern von Greenwich Village das Amerika des 19. Jahrhunderts konserviert. Die Baumodelle Europas spiegeln sich hier wider. Die ersten holländischen Stadtbaumeister importierten die Details, die sie von zu Hause kannten; der „stoop", der hohe Treppenaufgang zur Beletage, sollte das Entree vor Überflutung durch Hochwasser der Kanäle schützen, die man freilich in Nieuw Amsterdam vergeblich suchte. Der georgianische Baustil des frühen 19. Jahrhunderts wurde, obwohl aus England übernommen, so sehr der dominierende Stadtbaustil der jungen Republik, daß er unter der Bezeichnung „Federal" als schlechthin klassisch amerikanisch gilt: rote Backsteinhäuser mit weiß gerahmten Fenstern von eleganten Proportionen, ein „schwaches, angenehmes Echo von Christopher Wren", wie ein Architektenhandbuch sagt.

Kaum ein europäischer Baustil hat im Village nicht eine getreue Kopie gefunden. Von der Münstergotik der Grace Church, deren Schöpfer später St. Patrick's erbaute, über die beiden Tudor-Gotik-Kirchen auf der unteren Fifth Avenue, die Florentiner Renaissance der Judson Church am Washington Square, die neoklassizistische Säulenfront der Kirche, in die sich Presbyterianer und Synagoge brüderlich teilten (143 West 13th Street), bis zur Neuschwanstein-Pracht des Jefferson Market Court House, das, man höre, einmal als das fünftschönste Gebäude Amerikas gegolten hat.

Am Ende indessen ist es nicht die Aura von Vornehmheit und diskreter Eleganz gewesen, die Greenwich Village berühmt gemacht hat. Die gelassene Individualität des Stadtteils hat seit je die Künstler angezogen. Sie kamen nach New York und ließen sich im Village nieder. Erst waren es die Dichter, die hier Ruhe und einen angemessenen Lebensstil fanden; von Mark Twain über Melville und Dreiser, Edna St. Vincent Millay und Edgar Allan Poe bis zu den Beatnik-Barden und Hippie-Propheten paradieren die Gedenktafeln hier Namen der Literatur. Vor dem Ersten Weltkrieg kamen dann die Maler, und seither gilt das Village als Künstlerviertel, mit allem Guten und allem Zweifelhaften, das diesem Etikett anhaftet.

Man hat vom Village wie von Schwabing gesagt, daß es keine Gegend sei, sondern ein Zustand. Der das sagte, Hyppolyte Havel, war Koch und Oberkellner, Anarchist und Partner in Polly Holliday's Kellerrestaurant auf MacDougal Street, aus dem sich später ein liberaler Club entwickelte. Denn im Village war man liberal bis anarchistisch, in jedem Fall politisch unabhängig. Im Village wurden die Kreuzzüge des Jahrhunderts ausgefochten: für Frauenwahlrecht, für Sigmund Freud, für Modernismus in der Kunst, für freie Liebe, gegen die Prohibition und für den überschwenglichen Lebensstil der Boheme. Das Greenwich Village der zwanziger Jahre war ein Ferment, welches das kulturelle Klima unseres Zeitalters entscheidend beeinflußt hat.

Wie alle habituellen Künstlerviertel hat auch Greenwich Village nicht vermocht, Impuls und Geste, Kunst und Kommerz reinlich auseinanderzuhalten. Der Ruf von Boheme zieht die Schaulustigen an, und zwischen die Künstler nisten sich die Möchtegerne ein. Das Reservat der geselligen Einsiedler wird zur Sehenswürdigkeit, und so fiel mit der zweiten Nachkriegszeit ein Abglanz vom Rummelplatz des Times Square auf die Boutiquen und Ateliers, die Espresso- und Jazz-Kneipen von Greenwich Village. In MacDougal Street, dem Amüsierboulevard

des Village, steckt ein Stück Miniatur-Las-Vegas. Die Künstler wichen vor den Touristen und den steigenden Mieten, die mit neuen Wohnhochhäusern ins Village drangen, südwärts und ostwärts aus, in die Lagerschuppen und Werkstatthallen der angrenzenden Gewerbeviertel. Sie überließen das Feld den jungen Ehepaaren, welche die künstlerischen Ambitionen und den politischen Aktivismus ihrer Studententage im Village fortzusetzen dachten.

Tingeltangel und Radau-Tourismus erzeugten Reibungen zwischen Zugewanderten und Eingesessenen, besonders zwischen enthemmtem Jungvolk und den Italienern, die seit der Jahrhundertwende aus Norditalien, später auch aus der Gegend von Neapel, ins Village gewandert waren und den Stadtteil als ihre Domäne betrachteten. Im Schatten der Kirchen St. Anthony of Padua und Our Lady of Pompeii hatte sich mit Märkten, Basaren und Straßenumzügen zu Heiligenfesten, mit Cafés und Club-Leben eine italienische Kolonie entwickelt, die mit den Künstlern in tolerantem Nebeneinander zu leben gewohnt war. Die alten Männer an den steinernen Schach- und Mühletischen hatten sich von den gitarreklimpernden Musikanten im Washington Square Park bislang kaum bedrängt gefühlt. Auf die Masseninvasion von Ausgeflippten und von Jugend aus den Slums indessen, die mit dem Bürgersinn des Village kollidiert, reagieren die Eingesessenen mit Unmut und Protest. Denn der Villager hat einen ausgeprägten Sinn für das eigene Territorium, das er sich nicht verderben lassen will. Dieser Eigensinn reicht weit zurück, bis in das vorige Jahrhundert, als Hendrick Brevoort sich weigerte, einem Straßendurchbruch den Lieblingsbaum seiner Farm zu opfern, weswegen noch heute der Broadway an der 10. Straße einen scharfen Knick macht. Gut hundert Jahre später focht Greenwich Village geschlossen gegen einen anderen Straßendurchbruch, der die Fifth Avenue durch den Washington Square Park hindurch südwärts verlängern sollte. Die Behörde gab klein bei; Washington Square ist vom Verkehr verschont geblieben, und nicht einmal die Ausflugsbusse dürfen ihn umzirkeln.

Das Village empfindet sich so sehr als separate Gemeinde, daß es zwei eigene Wochenzeitungen ernährt: „The Villager" existiert seit 1933 und ist für den bürgerlichen Leser des Bezirks gedacht, während die „Village Voice", die 1955 Norman Mailer mitgegründet hat, das Kampfblatt der Intelligenz ist, die sich nicht provinziell versteht. Die Auflage von 160000 macht die „Voice" zum größten Lokal-Wochenblatt der Nation, doch geht sie nur zu einem kleinen Teil an Bewohner des Bezirkes und findet ihre Abonnenten von Kalifornien bis Obervolta.

Der Kämpfergeist des Village wirkt ins direkt Politische. Hier bildete sich ein Reformzweig der Demokratischen Partei, die Village Independent Democrats, denen es zu Beginn der sechziger Jahre entgegen allen Prophezeiungen gelang, die Bosse der Parteimaschine von New York zu stürzen. Im Wahlkreis von Greenwich Village können fortschrittliche Kandidaten, welcher Partei sie immer angehören mögen, auf sichere Unterstützung rechnen.

In einer übermütigen Geste, die jedem Quartier Latin gut ansteht (Greenwich Village ist ja auch Domizil der New York University), erkletterten in einer Winternacht des Jahres 1916 ein paar betrunkene Künstler den steinernen Triumphbogen am Washington Square und erklärten von seiner Höhe herab mit einem Pistolenschuß Greenwich Village zur unabhängigen Republik. Ein bißchen davon ist dem Village bis auf den heutigen Tag geblieben. □

Der Villager trägt sich leger und kann sich getrost jede Meinung leisten   Foto: Wilfried Karweg

Freizeitvergnügen im Central Park – die jungen Schwarzen, ob sie nun Baseball, Cricket oder Football spielen, sind ganz bei der Sache: Sport überspielt – wie lange noch? – die Rassenschranken

Foto: Ute Eskildsen

Der Neuling hat kaum Europas Staub abgeschüttelt, schon konfrontiert man ihn dem Problem Nr. 1: Vietnam ging vorüber – die schwarze Frage bleibt, sagt man.
S. Krim, gebürtiger New Yorker weißer Hautfarbe, bekennt seine und aller gutwilligen Mitbürger Ratlosigkeit.

Seymour Krim:

HARLEM IST EIN ANACHRONISMUS

Das Viertel im Norden von Manhattan zwischen der 96. und der 155. Straße, das Harlem genannt wird, ist ebenso ein geographischer Bereich wie der Anachronismus einer amerikanischen Bewußtseinslage. Es war schon vor mehr als einem Vierteljahrhundert das Ghetto, in dem fast eine halbe Million farbiger Amerikaner lebten, Kinder bekamen und starben. Nie gab es eine offizielle Weisung, die sie gezwungen hätte, in diesen schäbigen Mietshäusern zu wohnen; Amerika hätte es sich nie eingestanden, eine Gruppe seiner Bürger zu einem Leben in physischem und psychischem Schmutz verurteilt zu haben. Dennoch bestimmte ein ungeschriebenes Gesetz, daß Neger „anders" seien, daß sie möglichst in einem eigenen Viertel untergebracht, ja eingepfercht werden müßten – nicht viel besser als Tiere – und daß es ihnen nicht erlaubt sein dürfe, die Stadt nach Belieben zu durchstreifen.

Jede amerikanische Großstadt hat ihr Harlem; jeder weiße Amerikaner trägt den Schandfleck solcher „inneren Städte" in seinem Bewußtsein, weiß ihn in seinem Gesichtsfeld, im Nervenzentrum seiner Existenz. Amerikas Harlems schließen nicht nur die Farbigen in ein Ghetto ein. Sie haben zugleich eine eingemauerte weiße Bevölkerung geschaffen; diese Trennung von Schwarz und Weiß spaltet heute eine Nation, die einst allen ihren Bürgern Gleichheit versprochen hat. Wer sich in Harlem oder all seinen Entsprechungen in Amerika umschaut, der sieht sich bald von allem angestarrt, was an der Demokratie der Vereinigten Staaten heuchlerisch und phrasenhaft ist. Diese finsteren, schmutzigen Straßen, beleuchtet vom kalten Licht der Neonreklamen, die Rausch und Vergessen anpreisen, diese Haufen faulender Abfälle, diese zerlumpten Kinder, Bettler, kleinen Gauner und Prostituierten – welch ein

Fotos: Doug Harris, Thomas Höpker

Kommentar zu all den hochgestimmten Redensarten, die immer wieder von Washington in Umlauf gesetzt werden. Wie war das möglich? Wie konnte Amerika ein Zehntel seiner Menschen zum Teufel schicken und gleichzeitig der übrigen Welt erzählen, was für ein Paradies jenseits der Meere im Entstehen war? Sicher, wir kennen einige der historischen Ursachen: Schwarze aus Afrika, ein Sklavenvolk, wurden in Ketten westwärts verschifft, und besonders die Südstaaten profitierten von ihren breiten geduldigen Rücken (und von der Unschuld ihres Geistes) beim Baumwollpflücken, Schienenlegen und Holzfällen. Demokratie – das war etwas für alle, einzig ausgenommen jene Menschen, die den Boden der Wirtschaftspyramide bildeten, sie durch ihre Arbeit aufrechterhielten und damit den Sonntagsschulrednern den Luxus glitzernder Phrasen über Freiheit, Gleichheit und Gerechtigkeit überhaupt erst ermöglichten. Dennoch: In deren verlockendem Märchen, das sich Demokratie nennt, kam der Neger im Grunde genommen nicht vor. Er wurde ignoriert, in ein abgeschiedenes Gelaß des Bewußtseins verdrängt, unter den Teppich schöner Reden gefegt; er trat nicht ins Bild. Selbst die großen Männer Amerikas, etwa Thomas Jefferson und Abraham Lincoln, stellten sich dem „Negerproblem" nie so unmittelbar wie fast allen anderen Problemen. Man könnte sagen: Sie verhielten sich diplomatisch, anstatt den heroischen Schritt zu wagen, über den Schatten ihrer Hautfarbe und ihrer Herkunft zu springen und den Farbigen in das Amerika, das unter ihren Händen entstand, einzubeziehen.

Nach soviel Beweisen der Feigheit, soviel Verzögerungstaktik ist es vielleicht schon zu spät, die klaffende Wunde im Verhältnis zwischen Schwarz und Weiß jemals zu

Kirche in Harlem ...

schließen. Ich sage das als ein Mensch, der in einer Art blinden Glaubens an die Zukunft Amerikas aufgewachsen ist: Es kann – und ich will mich da ganz klar ausdrücken – verlorene Mühe sein, wenn man im gegenwärtigen Zeitpunkt den Versuch unternimmt, rückgängig zu machen, was seit über hundert Jahren verschleppt worden ist. Gewiß, Männer und Frauen guten Willens und verschiedenster ethnischer Herkunft versuchen wie Besessene, die verlorene Zeit aufzuholen, aufklärend zu wirken, die Harlems überall im Land zu sanieren, ja abzureißen, Neues zu planen, Neues aufzubauen.

Ende der sechziger Jahre haben militante Gruppen von Farbigen, in deren Haltung sich die Hoffnungslosigkeit jener erwerbslosen, rauschgiftgefährdeten Menschen spiegelte, die zu Tausenden eingeengt und ohne Zukunft in den Harlems aufwuchsen, eine junge schwarze Generation zu Revolutionären erzogen. Mord lag in der Luft; die Betrogenen verachteten die Betrüger. Friedensangebote wurden immer wieder zurückgewiesen. Selbst die zwanglose Gemeinschaft zwischen Farbigen und Weißen in der musikalischen, der literarischen, der Theaterwelt schien – gerade damals – der Vergangenheit anzugehören. Es gab kein Vertrauen mehr: Alles, was der Farbige besaß, und seien es auch nur Brosamen in einer am materiellen Überfluß orientierten Gesellschaft, hatte er sich selbst erworben – ohne Hilfe des „weißen Vaters", der jetzt sein Feind geworden war.

Mehr noch: Die Einstellung der Farbigen war gerade damals so verhärtet, so unnachgiebig, so mißtrauisch gegenüber allen Angeboten, daß die Harlems, von denen wir – die Liberalen, die Schriftsteller, die Verfechter der Bürgerrechte – schon glaubten, sie müßten bis 1970 abgerissen

und Woman's Day

Fotos: Thomas Höpker, Max Scheler

sein, zu Bastionen wurden, die mit einer Art widersinniger Hartnäckigkeit die Farbigen selbst verteidigten. Und obwohl die schwarzen Führer und Intellektuellen nur zu gut wußten, daß die Harlems verschwinden müßten, weil sie verdreckt sind, Kerkerhöhlen, in denen Unwissenheit und Hoffnungslosigkeit von Tag zu Tag wachsen, bestand der junge Stolz eines Volkes, das eben dies und nicht mehr besitzt, auf dem Eigenwert seines Zusammenlebens. Harlem mag ein Pestloch sein, sagten sie, aber es gehört uns. Ihr habt uns hier zusammengepfercht; aber weil wir nicht anders können, haben wir das Veraltete, Anrüchige, Baufällige, das uns gehört, liebengelernt. Laßt uns in Ruhe!

In dieser Situation des Patt, der Sackgasse, blickt Harlem heute auf die anderen Teile New Yorks. Es liegt mitten in der Stadt und gehört dennoch nicht zu ihr. In dem Zustand, in dem es sich befindet, kann es nicht lange verharren – Tausende von Menschen, auf ungesund engem, verschmutztem Raum zusammengedrängt, überhöhte Mieten für verrottende Wohnungen und vor allem die finstere Gefängnisstimmung seiner Bewohner –, aber es ist im Augenblick nicht gewillt, auch nur einen Zoll zurückzuweichen: Wie alle Gemeinschaften amerikanischer Neger entdeckt es seinen Glauben in der Unvernunft. Kann man das verstehen – den Glauben in der Unvernunft? Harlem begreift sich heute lieber als eine eiternde Wunde, als daß es eine Generalbereinigung über sich ergehen ließe: Überall in Harlem ist „Scheiße" – um das populärste Wort des heutigen Amerika zu gebrauchen –, aber diese besondere Art von Unrat kommt aus der Seele, dem Herzen, aus welchem lebenswichtigen Organ auch immer; und die Bewohner Harlems werden ausharren, bis die Hölle gefriert.

West Harlem: Puertoricaner in der 107th Street

Niemand in New York, in Amerika weiß, wohin der Rassenkampf noch führen wird. Es gab eine große Zahl Weiße, besonders junge Leute (es ist leicht, sie satirisch anzugreifen, aber keineswegs so leicht, sie mit dem Erbe ihrer Nation zufriedenzustellen), die dieses schwerste Problem Amerikas aus der Welt schaffen wollten; einige von ihnen waren sogar bereit, für dieses Ziel zu sterben. Auf dem Schlachtfeld des Bürgerkrieges zu sterben, um Amerika so schön zu machen, wie es – den Werbetafeln an den Autobahnen nach – eigentlich sein sollte. Aber der Tod löst keine Probleme, zumal wenn es sich darum handelt, ein besseres und reicheres Leben zu schaffen für Mitmenschen, die das Schicksal von Anfang an, weil sie einem Mutterleib unter schwarzer Haut entstammen, dazu verurteilt hat, sich immer wieder mit der aufgestauten, durch die selbstgerechten Redensarten der amerikanischen Demokratie verzerrten Angst und Scheinheiligkeit von Jahrhunderten auseinanderzusetzen.

Man hofft. Für die Schwarzen, für Amerika und für sich selbst als Produkt all dieser Erfahrungen. Ich bin so schwarz und so weiß wie alle anderen auch, wie meine Mitstreiter im einst großen, nun aber beängstigenden Experiment Amerika. Ein Teil von mir wohnt in Harlem und haßt den anderen Teil, der in einem „weißen" Viertel wohnt. Ich finde keinen Frieden, bis die beiden Hälften zueinanderfinden; so geht es allen Amerikanern. Doch wie die Dinge liegen, hat dieser schizophrene Zustand noch viel Zukunft; die Menschen werden auf ein anderes großes Experiment warten müssen, während sich der arme Riese, der mich hervorbrachte, durch seine selbstverschuldeten Agonien quält und dabei uns alle, Männer wie Frauen (einerlei welcher Hautfarbe), zu Krüppeln werden läßt. □

Foto: Max Scheler

Beim Krämer
ist die Welt noch in Ordnung
Foto: Rudi Herzog

Als 1959 Uwe Johnsons „Mutmaßungen über Jakob" erschienen, horchte man auf: Da wagte sich einer an das Hier und Heute. Von 1966 bis 1968 lebte er in New York; wieder ging es ihm um das Erfassen unmittelbarer Gegenwart.

Unsere Heimat in der oberen Westseite

von Manhattan, gewiß, sie ist eingebildet. Die unauflösliche Gewöhnung an die Gegend ist bloß unsere Seite, wir können nicht hoffen auf Erwiderung. Und doch, nur eine Stunde Spazierengehens durch das Viertel impft uns auf Jahre gegen einen Umzug.

Der Busfahrer etwa, der heute mitten im Regen auf uns wartet, er läßt sich wegwinken und hebt grüßend drei Finger gegen die zuklappenden Türflügel; gleich aufgehalten vom zupackenden Rotlicht, blickt er uns dennoch ohne Wut hinterher, freundlich, wie Nachbarn. Er würde uns fehlen. Der städtische Mast an der Ecke des Riverside Drive und der 97. Straße, wir mögen ihn nicht entbehren. Immer wieder zählen wir seine Lasten, begrüßen ihn wie einen Bekannten. Denn nicht nur hält er eine am Ende verdickte Peitsche, mit der er uns das Licht überzieht (wie ein Dichter sagt), er trägt auch die Schilder beider Straßen, zwei Ampelköpfe, das Zeichen der Einbahnstraße, obendrein sitzt ihm auf dem Kopf ein gelbes Lämpchen, der Hinweis auf den Feuermelder, der ihm auch noch um den Stamm gebunden ist. Die 97. Straße ist uns dicht an dicht besetzt mit Vergangenheit, mit Anwesenheit. Im nördlichen Eckhaus, hinter einem Fenster im zweiten (ersten) Stock, hat Caroline ihre Nähmaschine stehen, dahin gehen wir nähen. Auf der südlichen Seite sind zwischen dem Bürgersteig und den Häusern tiefe Gänge ausgebaut, und die puertoricanischen Kinder auf den Kellertreppen sind da nicht beim Spielen, sondern auf dem Weg in Wohnungen. Dort unten wohnen sie. Schräg gegenüber hielt uns vor Jahren eine alte Jüdin an und klagte über den Verfall der Gegend (früher sei es so vornehm und jüdisch gewesen); sie war so durcheinander, als habe sie schon lange ohne einen Spiegel gelebt. Vier bis fünf Schritte auf dem unebenen Zement des jenseitigen Bürgersteiges, das ist nun ihre Stelle. – Alles haben sie kaputtgeschlagen, klagte sie, ein Winziges schwankend auf ihren steifen Beinen. Vielleicht meinte sie, es seien diese Miethäuser am westlichen Ende der 97. Straße gebaut worden als respektable Adressen, für altbürgerliche Familien wie womöglich die ihre, die eine Zahlungsfähigkeit auch noch mit Erkern und steinernem Zierrat zu den gelben Ziegeln der Fassade anzeigen wollte. Ihr waren nicht nur die offenen Mülleimer neben den stattlichen Portalen zuwider, auch das Dröhnen überdrehter Plattenmusik aus den oberen Stockwerken, das uns jedes Mal entgegenkommt wie etwas Erwartetes. Wir kennen diese Lieder von einem karibischen Himmel schon aus dem Taschenradio, das Esmeralda in ihrem Fahrstuhl auf- und abwärts durch unser Haus führt; uns macht die Musik nichts kaputt. Es ist wahr, die Jugendlichen auf den Vortreppen nahe der West End Avenue lassen uns durch ihr Blickfeld ziehen, als wären wir nicht vor ihren Augen; auch das Kind wendet sich nur verstohlen zu ihnen, um das Spanisch von den Lippen zu lesen, das es im Hören doch nicht heil erfaßt. Nein, diese kräftigen jungen Herren, die müßig im Türrahmen lehnen, haben über uns nicht Wut noch Neid geäußert. Als wir Kinder waren, in den Kinderschlachten, wir haben doch auf Rettung durch Eltern vertrauen dürfen.

Dann, hinter den bekotzten Stufen des Kinos *Riviera*, beginnt unser Broadway. Der Broadway ist der Marktplatz, die Hauptstraße unseres Viertels. Hier, beim Schuster, beim Blumenkaufen, in den kleinen Feinkostläden, bei Schustek, werden wir gefragt nach unserer Gesundheit, nach unseren Ferien, nach der Schule, und auch wir benutzen dies Schmiermittel der Warengesellschaft und äußern Bewunderung für Schusteks geschickte Hackschläge zwischen die Schweinerippen oder klagen über das Wetter. Bei Schustek sind wir angesehene Kunden, er würde uns wochenlang ohne Bargeld beliefern. Mr. Schustek kann noch etwas von dem westfälischen Deutsch, und seine beiden puertoricanischen Gehilfen verstehen und sprechen genug Jiddisch für die Kunden dieses Ladens. Ihm macht der Sabbat nicht angst, und hier kaufen nicht die orthodoxen Hausfrauen. Auf diesen Bürgersteigen kennen wir die Bewohner des Viertels aus den Besuchern heraus und werden von ihnen gegrüßt mit dem stumpfen, zurückgenommenen Blick, der eben noch die Wahrnehmung verrät. Zu dem Mann, der am Zeitungsstand die Nachmittagsschicht arbeitet, sprechen wir nur, wenn er anfängt. Denn im vorigen Winter, dick verpackt und mit den Füßen stampfend gegen die Kälte, hat er uns das Wetter mit einem Januar in Berlin verglichen, und wir haben gesagt: Wir waren auch mal in Berlin. Darauf zog er eine Taschenflasche hervor und beobachtete uns schweigend aus gleichmütigen, nicht verengerten Augen, während er den Schnaps einnahm, bis wir endlich abzogen. Wir hatten ihm seine Lage in Berlin zu genau ins Gedächtnis gerufen. Von dem alten Herrn, der uns durchs Fenster der Cafeteria zunickt, wissen wir nur, daß er uns regelmäßig anruft mit: Na, Liebling! Er ist sehr sorgfältig gekleidet in seinen verjährten Sachen, und im Jackenspalt ist zu sehen, daß ihm der Hosenbund bis dicht unter die Brustwarzen reicht. Sein Blick über die erhobene Tasse weg ist ganz leer gewesen, von einer anderen Ansicht gefüllt, anwesend und weit weggetreten in eine Zeit, die es nur noch im Gedanken gibt. Jetzt kommt der Bettler mit den blauschwarzen Haaren über die 96. Straße auf uns zu, und wir verdrücken uns in das *Gute Eßgeschäft*, wo wir angesprochen werden als unentbehrliche, zu lange schon entbehrte Nachbarn. Das heißt man den Kapitalismus perpetuieren. Sollen wir sagen: Charlie, du willst nur unser Geld? Charlie wird sagen: Du willst eins von meinen Dreidecker-Sandwiches, so wie nur ich sie machen kann, und zwar für dein Geld, junge Frau. Stimmt's? Siehste, und dein Kind will Toast mit Ahornsirup, wie gehabt. Ja, jetzt sind es schon siebzehn Monate, seit das Haus da gegenüber abgebrannt ist. 'ne Ruine, an so einer Kreuzung! Ich kann ja brauchen, daß die Cafeteria da drüben außer Gefecht ist. Wird sie wohl noch bleiben. Denn die bauen so bald nicht auf, wegen der Versicherungsgesellschaften. Die trauen sich nicht ran, denen ist unsere Gegend zu unsicher.

So steht es nicht im Baedeker

Shopping **61**   Round the Day **62**   Thriftshop **62**   Shopping per Dial **62**   Gratis **63**   Essen **63**   Tischmanieren **63**   Post und Telefon **64**   Kleiner Hotel-Knigge **64**   Tipping und Tips **64**   Schnellkurs **65**   Zwölf Monate Hochsaison **65**   Histro-Comical **66**   The New Yorker **66**   Die höflichsten Menschen der Welt **67**   Wörterbuch der Kunst: Pop Art **68**

Shopping

Shopping, das Leitmotiv reisender Frauen, ist oft das Leid-Motiv ihrer Männer. Nicht so in New York, dem größten Warenmarkt der Welt, wo sich, dank raffinierter Reklame, dem kategorischen Imperativ des Kaufens jeder Besucher beugt.

Die Fülle der Waren ist so groß und bunt, daß man bald den Überblick verliert. Dazu kommt die Verschiedenheit der Preise für gleiche Waren – jedem Geschäft steht es frei, den Preis festzusetzen. Immer wieder eine Enttäuschung, wenn man etwas soeben Erstandenes wenige Schritte weiter zum halben Preis ausgestellt sieht, oder die Freude, wenn es anderswo viel teurer ausgezeichnet ist.

Für den Fremden sind die New Yorker Geschäfte überwältigend und beunruhigend zugleich, bis er gelernt hat, sich zurechtzufinden, und eine bisher ungewohnte Freiheit des Shopping ohne jeden Kaufzwang voll genießt. Er könnte ganze Tage in Warenhäusern verbringen, alles anfassen, alles anprobieren und wieder liegenlassen. Niemand stört ihn dabei. Verkäuferinnen sind froh, in Ruhe gelassen zu werden, sie sind oft schwer zu finden, wenn etwas gekauft werden soll. Alles kann noch fünf Tage später zurückgebracht werden, einzige Bedingung: Das Preisetikett muß noch unangetastet und die Quittung vorhanden sein. Die großen Warenhäuser geben den vollen Geldbetrag zurück, ohne nach einem Grund zu fragen. „Selfservice", früher nur in wenigen Geschäften üblich, breitet sich immer mehr aus: Alles ist übersichtlich nach Größen geordnet. Wer trotzdem verwirrt ist, kann immer noch eine Verkäuferin ausfindig machen oder, noch einfacher, die Hilfe anderer erbitten.

Für Frauengrößen gibt es mehrere Abteilungen: **Junior sizes** für Teenager und die sehr schlank gebliebenen „Erwachsenen", **Misses sizes** für die „normalen" Figuren, **Women's sizes** für die äußerst höflich benannten Vollschlanken. Bekanntlich ist die Natur aber nicht standardisiert, und viele Frauen haben irgendein physisches Plus oder Minus in ihrer Anatomie. Darauf nimmt die amerikanische Konfektion Rücksicht, und es gibt **Halfe-size**-Nummern für kurze Taillen oder starke Hüften, **Tallgirls**-Abteilungen für die sehr groß Gewachsenen und **Petites**-Abteilungen für die Zierlichen. Auch jene, deren Umfang beweist, daß sie niemals nach Diätvorschriften essen, können jede Mode mitmachen (nicht immer zu ihrem Vorteil, aber immer zum Vorteil des Geschäfts): Ein halbes Dutzend Warenhäuser (besonders „Lane Bryant") ist auf **extra sizes** spezialisiert.

Man sollte sich auch mit den verschiedenen Kleiderabteilungen der Warenhäuser vertraut machen: **Basement – Souterrain:** überall die billigste Abteilung; **Budget dresses:** billige Kleider in allen Größen; **Better dresses:** teure Garderobe, wie der Name besagt; **Junior department:** für die Jugend; **Women's dresses:** für beleibtere Damen. Alle großen Warenhäuser haben außerdem **Speciality corners** für exklusive Modelle und Haute-Couture-Kopien.

New York entwickelt sich auch zu einem besonders anregenden Modezentrum für Männer. Luxusläden zeigen die neuesten Extravaganzen – farbenprächtige Hausgewänder, Samtcapes, Brokatwesten, Spitzenhemden – seltsame Rückkehr zum Beau-Brummel-Ideal.

Und für die immerhin nicht ausgestorbene Majorität der Mitte bestgearbeitete preiswerte Anzüge aus jenen Wunderstoffen, die federleicht sind, gewaschen werden können und jedem Mann das Aussehen eines Executive, eines Topmanagers, verleihen.

Viele Geschäftsauslagen sind ganz auf Unisex eingestellt: Ehepaare oder Liebesleute können mit einheitlicher Garderobe ins Weekend – Hosen, Hemden, Tücher, Hüte sind geschlechtslos.

Für die Beaches – im heißen Hochsommer die überfüllten Oasen der New Yorker – gibt es überall eine Riesenauswahl an Bikinis, Umhängen, Badetüchern in wilden Farben und fröhlichen Mustern. Auch im Winter werden sie viel gekauft: Dann ist ja die Zeit, wo „man" auf die Südseeinseln fliegt.

Der Drugstore, dieser berühmte amerikanische Beitrag zur modernen Lebensweise, der alle Bedürfnisse „unter einem Dach" befriedigt, ist schon so bekannt und so oft geschildert worden, daß er den Neuankömmling nicht mehr überrascht, obwohl es ihm immer wieder Spaß macht, hier zu allen Tagesstunden essen und trinken zu können und sich mit Aspirin, Kosmetik und Souvenirs zu versorgen.

Seitdem in Paris, London, Madrid die Drugstores so erfolgreich sind, sind New-York-Besucher oft enttäuscht. Hier geht es ja lange nicht so elegant zu. Daher wurde kürzlich in Manhattan „Le drugstore" eröffnet – eine Kopie der Pariser Spielart dieser uramerikanischen Institution.

Die Auslagen, besonders in der 5th Avenue, sind verführerisch elegant und „sophisticated". Hier sehen sich die Frauen die Kleider und die Accessoires an, die sie wenige Wochen später in billigen Kopien erstehen können. Eine fabelhafte Massenindustrie ermöglicht die Demokratisierung des Luxus! Jede kleine Angestellte oder Hausfrau kann sich den erstrebten „Million-Dollar-Look" für 9,95, 19,95, 29,95 Dollar erstehen! Und die „Custom jewelry" liefert dazu glitzernden Schmuck, der Tiffany und Cartier in den Schatten stellt. Diese Massenproduktion, die jede Modeschöpfung schnellstens unter die Leute bringt, mag ein Grund dafür sein, daß es in Amerika keinen Neid gibt. Die niedrigen Preise und das (nicht ganz ungefährliche) langsame Abzahlungssystem wirken Wunder. Jeder kann, wenn er Glück hat und ausdauernd ist, einmal reich werden. Bis dahin aber kann er zumindest reich aussehen.

Round the Day

Shopping in New York ist an keine feste Stunde gebunden.
Die großen Warenhäuser (wie „Macy's", „Gimbels", „Bloomingdale") sind täglich bis 18 Uhr, an manchen Tagen bis etwa 21 Uhr abends geöffnet. „Alexander's" und „Macy's" sind auch sonntags von 12 bis 17 Uhr geöffnet.
In Greenwich Village und Nachbarschaft ist bis Mitternacht lebhafteste Geschäftszeit, man kauft dort Avantgarde-Garderobe, Kunstgewerbe, Bilder, Mexikanisches, Indisches, Afrikanisches. Krawattenläden (zum Teil mit 1 Dollar-Einheitspreis) sind am Broadway nachts offen. Es scheint, daß Männer nach einem Theaterbesuch Lust auf eine neue Krawatte spüren – vielleicht durch den Anblick des jugendlichen Liebhabers auf der Bühne angeregt...
Auch manche Damenwäscheläden und zahlreiche Souvenir-shops sind um den Times Square den Broadway entlang nachts geöffnet. Hier kann man sich auch zwei Schlagzeilen persönlicher Natur auf eine normal aussehende Zeitungsseite drucken lassen, es dauert nur wenige Minuten und macht als Mitbringsel sicher Spaß.
Die großen Buchhandlungen der 5th Avenue („Doubleday", „Rizzoli") sowie des Broadway und die vielen Buchläden der 3rd Avenue (zwischen 57th und 60th Street) sind bis nach Mitternacht offen. Hier kann man unbehelligt in allen Büchern blättern, solange man will. Neben der großen Auswahl an klassischer und sonstiger internationaler Literatur gibt es eine unübersehbare Menge exotisch-erotisch-sadistisch-masochistisch-sodomitischer et cetera Taschenbücher, deren bunte Umschläge nichts an Deutlichkeit zu wünschen übriglassen. Hier sieht man auch Posters, die neueste Leidenschaft der Jugend: großflächige Plakate, Nachdrucke von Toulouse-Lautrec, Picasso, Chagall sowie unzähle politisch-satirische oder erotische Blätter. Posters sind als Wandschmuck äußerst beliebt, kosten wenig und können also immer schnell ausgewechselt werden.
In zahlreichen „Food markets" kann man bis Mitternacht alles einkaufen, was es an Eß- und Trinkbarem gibt.
Noch ein Hinweis für Frühaufsteher: Warenhäuser öffnen ihre Tore nicht vor 9.45 Uhr, Museen nicht vor 10 Uhr. Also: bloß nicht zu voreilig sein.

Thriftshop

In den Hauptstraßen von Manhattan, besonders in der 2nd und 3rd Avenue, aber auch in der feinen 57th Street, liest man oft das Schild „Thriftshop". Diese Thriftshops (wörtlich Sparsamkeitsläden) sind so etwas wie ein Ersatz für die Flohmärkte von Paris und London, eine Einrichtung, die der Befriedigung aller Interessen dient: Millionärinnen überlassen ihre abgelegten Pelze, Haute-Couture-Kleider, auch Porzellan, Glas, Lampen, Bücher dem Thriftshop als Geschenk. Damen der Gesellschaft wechseln sich – unbezahlt – beim täglichen Verkauf ab.
Alles wird sehr billig ausgezeichnet und schnellstens verkauft. Die gesamten Einnahmen fließen wohltätigen Anstalten und Hospitälern zu. Natürlich findet die gute Tat auch ihren Lohn: Von Experten lassen die Spender jeden geschenkten Gegenstand zum ursprünglichen Kaufwert schätzen und dürfen diesen Betrag von ihrer Einkommensteuer absetzen. Die Kundschaft besteht meist aus Familienmüttern und jungen Mädchen, in letzter Zeit sieht man aber auch viele elegante Frauen und Schauspielerinnen in den Thriftshops. Sie fahnden nach französischen Modellkleidern und nach Pelzen. Besonders gesucht sind Gewänder und Umhänge aus der wieder aktuell gewordenen guten alten Zeit.

Shopping per Dial

Per Telefon kann man auch mühelos und zeitsparend einkaufen: Sonntag ist der besondere Tag für Shopping per Telefon. Damit der Interessent kein Sonderangebot in der großen Sonntagsausgabe der „Times" versäumt, wird in den Anzeigen gleichzeitig eine Telefonnummer angegeben, die Bestellungen entgegennimmt: Montag könnte es ja schon zu spät sein. Auch im Radio und im Fernsehen wird Tag und Nacht immer wieder auf die Möglichkeit sofortiger telefonischer Bestellung der angepriesenen Sonderangebote hingewiesen.
Per Telefon kann man sich auch Essen bestellen: Steaks (inklusive Beilagen und Geschirr) werden jederzeit für 2 bis 50 Personen ins Haus geliefert (593–3888 – **Dial-a-steak**).
Aber nicht nur für die leiblichen, auch für die seelischen Bedürfnisse wird gesorgt: Eine besondere Nummer – **Dial-a-prayer** (246–4200) – spendet während 24 Stunden Trost durch Bibelzitate und geistlichen Zuspruch. Steht Ihnen der Sinn nach Schöngeistigem, läßt **Dial-a-poem** (528–0400) ein modernes Gedicht ertönen, von wohllautender Stimme gesprochen. Es tun sich immer wieder neue Telefonquellen für moralische Hilfe auf, man muß nur deren Nummern ausfindig machen. Andere Nummern erteilen Ratschläge für psychoanalytische Behandlung, es existiert auch eine Nummer, die von unentschlossenen Selbstmord-Kandidaten angerufen werden kann.
Wer Zeit und Kraft findet, neben dem normalen Telefonbuch die zusätzliche Ausgabe „The yellow pages" zu studieren (2148 Seiten), kann sich ungefähr ein Bild davon machen, was durch einen Telefonanruf alles ermöglicht wird. Auf den „gelben Seiten" findet man Spezialisten für jede Verschönerung, jede Haarfarbe, jeden Wunsch jeden Dienst, jede Bequemlichkeit. Wer plötzlich den generösen Impuls verspürt, einen Diamanten zu verschenken, braucht sich gar nicht erst zu allerlei Juwelieren zu bemühen: Er ruft einfach den „Specialist in 3–8 Karat diamonds" an. Und wird gewiß prompt bedient!

Gratis

So teuer die Reise nach New York im übrigen sein mag – etliche Einrichtungen können kostenlos benutzt werden. So die prachtvollen „Public Libraries", die jedem Interessenten zur Verfügung stehen. Weiterhin die einzigartige „Music Library" im Lincoln Center, wo auch Platten ausgeliehen werden. Im Sommer werden in Parks und auf öffentlichen Plätzen häufig Konzerte veranstaltet, und im Central Park gibt es ganz umsonst sehr gute Shakespeare-Aufführungen. Im Winter finden gelegentlich Konzerte in Museen statt. Nach vorheriger schriftlicher Anmeldung (Rückcouvert bitte beizulegen!) ist der Eintritt zu den Fernseh-Veranstaltungen in den Studios frei.

Für Theaterprogramme braucht man ebenfalls nichts zu bezahlen!

Kleiderbügel werden von der Reinigung gratis mitgeliefert.

Streichhölzer werden in allen Restaurants und Nightclubs unentgeltlich ausgegeben (beliebt als Erinnerung, oft gefährlich als negatives Alibi ...).

In vielen Kinos serviert man dem wartenden Publikum in hübscher Aufmachung einen sehr guten Kaffee.

Fast umsonst – man zahlt dafür nicht mehr als 5 Cents – und sehr empfehlenswert ist die schöne Ferry-Fahrt nach Staten Island, mit prachtvollem Blick auf die Freiheitsstatue, den Hafen und die Skyline von South Manhattan.

Essen

Besucher sollten darauf bestehen, typisch amerikanische Restaurants kennenzulernen, was in dieser gastronomisch so kosmopolitischen Stadt oft nicht leicht ist. Wohlmeinende Freunde und Bekannte führen Besucher immer wieder zu „French or Italian places". Dort findet der Europäer bestenfalls das, was er von zu Hause kennt.

Typisch amerikanisch und erstklassig sind die guten Steakhäuser, wo es ausschließlich das berühmte Steak gibt, meist in riesigen Dimensionen, dazu die traditionellen „baked potatoes" und Salat. Ebenfalls zu empfehlen sind die ausgezeichneten Fischrestaurants (King of the Sea, Seafare, Gloucester House). Hummer sind dort kein Luxus, die Auswahl an Fischen aller Meere ist sehr groß.

Mexikanische und chinesische Restaurants gehören übrigens auch zu den typisch amerikanischen Eßstätten.

Wer länger in New York bleibt, wird Vergnügen daran finden, die Gelüste seines Magens einmal nach geographischen Gesichtspunkten zu befriedigen. Es gibt wohl kein Land, dessen Küche (mehr oder weniger echt) nicht hier vertreten wäre.

Es gibt also auch viele deutsche Lokale, etwa in der „deutschen" Yorkville-Gegend (86th Street).

Böhmische und ungarische Spezialitäten findet man in den East Seventies, griechische Restaurants und Balkan-Spezialitäten downtown. Besucher mit großem Sightseeing-Programm werden sich mittags gewöhnlich mit einem üblichen „quick lunch" begnügen.

Unzählige „Hamburger"-Lokale bieten diese international berühmt gewordene Speise in jeder Preis- und Qualitätsstufe. In den Cafeterias ist alles frisch, sauber, preiswert und – lieblos. Mit Tomaten- oder Chili-Ketchup, das auf allen Tischen bereitsteht, verhilft man aber allen Speisen zu Geschmack.

In den Drugstores ißt man ham & eggs, Sandwiches, Omelettes. In den „Delikatessen" findet man eine große Auswahl an Sandwiches. In manchen dieser sehr beliebten Lokale, die bis Mitternacht offen sind, gibt es besonders gutes Brot und jüdische Spezialitäten, wie „gefilte Fisch" oder Hühnersuppe.

„Soupburgers" sind kleine Lokale, in denen – am „counter" – Suppe, Hamburgers und Cheeseburgers gereicht werden.

Große Konkurrenz aller „burgers" sind übrigens die seit längerer Zeit groß in Mode gekommenen Pizzerias.

Tischmanieren

Ein Europäer fällt sofort dadurch auf, daß er jeden Bissen Fleisch mit Messer und Gabel bearbeitet, also mit beiden Händen gleichzeitig hantiert. Amerikaner schneiden alles zurecht und essen dann ausschließlich mit der rechten Hand. (Die Sitte soll einem Ondit zufolge aus Zeiten stammen, da man in der linken Hand einen Revolver unter dem Tisch bereithielt ...)

Es wird unendlich viel Eiswasser während des Essens getrunken. Wein bürgert sich zwar in den letzten Jahren mehr ein, ist aber am Familientisch und auch im Restaurant nicht üblich. Vor dem Essen trinkt man einen Cocktail – oder deren mehrere.

Viele Amerikaner trinken den (immer im Menü inbegriffenen) Kaffee während des Essens. Brot wird nur auf besonderen Wunsch gereicht. Dafür allerlei wohlschmeckende „crackers", die – will man der Werbung glauben – weniger dick machen sollen.

Lunch besteht zumeist aus eilig verzehrten **Sandwiches** oder **Hamburgers** und Kaffee. Wenn es sich aber um ein „business lunch" handelt (das auf Geschäftskosten geht), wird meist in teuren Lokalen äußerst ausgiebig gegessen.

Die unzähligen **Cafeterias, Hamburger Haven** und **Drugstore counters** sind zwischen zwölf und eins überfüllt. Hinter jedem steht ungeduldig ein anderer und wartet, bis der letzte Bissen gekaut, der letzte Schluck getrunken ist, um den Stuhl zu ergattern.

Man wird kaum jemals zum Tee oder Kaffee gebeten, selten zum Essen ins Haus eingeladen – sehr oft jedoch zum Dinner im Restaurant. (Es macht der Hausfrau weniger Mühe und dem Besucher mehr Spaß.)

Die häufigste Einladung ergeht zum Cocktail zwischen 18 und 20 Uhr, oder es heißt einfach: „Come for a drink!"

Wer zu einer richtigen Party eingeladen ist, bringt gewöhnlich Blumen mit. Was aber nicht so erwartet wird wie der Telefonanruf oder Brief am nächsten Tag mit „Thanks for the lovely party". Europäische Besucherinnen sind immer etwas verblüfft, wenn ein Mann zu ihnen sagt: „Let me buy you a dinner." Für Zartbesaitete eine allzu materialistisch klingende Liebenswürdigkeit – aber schließlich entspricht diese Formel ja durchaus den realen Gegebenheiten.

Post und Telefon

Briefmarken bekommt man nur auf den Postämtern oder von Automaten, die in den Drugstores und an anderen Stellen angebracht sind. Aber hier kostet es Strafe: Bei 25 Cents Einwurf bekommt man nur zwei Marken zu zehn Cents, bei zehn Cents nur eine Acht-Cents-Marke. Automaten liefern also nur gegen Aufzahlung!
Die großen Postämter sind für Besucher selten in erreichbarer Nähe, und die „desks" im Hotel sind meist nicht genügend mit Marken versorgt.
Die Post ist ein Sorgenkind der New Yorker. Sie wird nur einmal täglich in Privathäuser ausgetragen – und Briefe innerhalb New Yorks brauchen oft mehrere Tage. Für „special delivery", Eilpost, zahlt man einen Aufschlag von 35 Cents. Es wird hier daher viel mehr telefoniert als geschrieben. Trotz bedenklich fortschreitender Überlastung ist das Telefon immer die schnellste und zuverlässigste Verbindung. Mit dem Telefon – das Netz wird in den USA von mehreren Privatgesellschaften betrieben – kann man hier zwar was erleben, aber man kann auch fast alles erledigen und ziemlich alles erfahren: Telegramm-Aufgabe (Western Union 962–7111 oder RCA 248–7000). **Flugbestellungen bei allen Gesellschaften.**
„Happy birthday"-Gesang bei Geburtstagen (auf Wunsch auch mehrmals im Laufe des Tages).
„General Information please": bei der New York Times (556-1651) oder den Daily News (883-1122).
Wann Lincolns Hochzeitstag war? Der genaue Wortlaut der Declaration of Independence? Marilyn Monroes letzter Film? Der Name des ersten Senators von Alaska? Die Geburtenzahl in Massachusetts? Der Bestseller dieser Saison? – Es gibt keine Frage, auf die man unter einer dieser Nummern nicht Auskunft bekäme.

Kleiner Hotel-Knigge

In den erstklassigen Hotels ist man bemüht, alle Bequemlichkeiten zu bieten. Radio und Fernsehen sind selbstverständlich – zumeist Farbfernsehen. Die Zimmertemperatur ist nach Belieben regelbar: von kältestem Air-conditioning bis zu tropischer Hitze. (Der Gast steht oft zunächst hilflos vor der Gebrauchsanweisung und verlangt telefonisch nach dem Engineer, der ihm dann die diversen Schalter erklärt.)
Unzählige Handtücher und „Kleenex" finden sich im Badezimmer, immer auch eine Kitchen-Ecke mit großem Kühlschrank (für die Drinks). In allen Hotels Coffee Shops für Frühstück und leichte, billige Mahlzeiten. Ein elegantes Restaurant, eine Bar und Filialen von Geschäften sowie ein Drugstore mit Zeitungsstand, Taschentüchern und Kosmetikartikeln.
Die erstklassigen Motels sind im Komfort den guten Hotels vergleichbar. Mit dem Unterschied, daß auch das Auto „versorgt" wird und daß es weniger Gesellschaftsräume gibt.
Die zweitklassigen Hotels sind in Einrichtung und Aufmachung sachlicher und oft etwas trist – aber sie alle bieten Bad, Radio, Telefon und täglich frische Bettwäsche (weil das für das Personal einfacher ist).
Was es in den New Yorker Hotels nicht gibt, ist ein Portier – er ist im Zeitalter der Computer längst entmenscht und zum „desk" geworden. Für alle Wünsche, Fragen, Beschwerden: „Call the desk please" – immer ist eine höfliche Stimme bereit, gewöhnlich wird man an eine andere Nummer verwiesen.
Vor die Tür gestellte Schuhe werden – was sich inzwischen wohl schon herumgesprochen hat – nicht geputzt. Hingegen kann es vorkommen, daß man annimmt, sie sollten weggeworfen werden (auch wenn sie wie neu aussehen).
Nur in jenen erstklassigen Hotels, die sich mit dem „continental touch" brüsten, wird das Bett für die Nacht zurechtgemacht. Im allgemeinen überläßt man dies aber dem Gast.
Nirgends gibt es verschließbare Schränke, statt dessen offene, bequeme „closets". Und die Aufforderung, Wertsachen dem Hotel-Safe zu übergeben. Suchen Sie nicht danach: Es gibt keine Klingeln. Alles soll per Telefon verlangt werden. Das Frühstück wird auf Wunsch ins Zimmer gebracht – aber ausgesprochen lieblos. Es ist besser, es unten im Coffee Shop einzunehmen.

Tipping und Tips

Keine Probleme gibt es in Sachen Trinkgeld: Zimmermädchen erwarten es nicht, weil sie den Gast kaum je zu Gesicht bekommen. Aber es ist üblich, für jeden persönlichen Dienst sofort einen Tip zu geben, gewöhnlich ca. 50 Cents. Dem Valet, der das Gepäck bringt und hinunterträgt, einen oder mehrere Dollar. Im Restaurant dagegen ist ein Minimum von 15 Prozent Trinkgeld üblich. Hier ist es nicht in der Rechnung enthalten.
Alles in allem: Keine Trinkgelder für Angestellte, die man nicht in Anspruch nimmt, dafür sofortiger Händedruck mit Tip für jeden geleisteten Dienst. Das erleichtert den Abschied von einem Hotel ...
Was Sie sonst noch beherzigen sollten: Bei Regenwetter empfiehlt es sich besonders, die sonst immer überfüllten Warenhäuser zu besuchen. Besonders günstig kauft man während eines Schneefalls. New Yorker gehen bei Regen nämlich nicht gern einkaufen, und Schnee, der allerdings hier ziemlich selten ist, wird geradezu als Erbfeind betrachtet.
Auch auf Kunst- und Möbelauktionen kann man bei schlechtem Wetter wegen geringer Konkurrenz sehr gute Gelegenheitskäufe machen.
Apropos Regen: Sowie die ersten Tropfen fallen, werden bei „Woolworth", „Lamston" und vielfach bei Straßenhändlern Regenschirme ausgestellt und verkauft. So billig, daß man sie nach Gebrauch getrost stehenlassen oder verlieren kann.

Anita Daniel

Schnellkurs

Eine kurze Gebrauchsanweisung für Nonkonformisten? Auch sie kommt nicht ohne Standardratschläge aus: Es gibt zum Beispiel kaum einen besseren Überblick über das Studienobjekt Manhattan als von Bord eines Circle-Line-Schiffes. Die Rundfahrt vom Westende der 42. Straße die Hudsonpiers entlang mit Abstecher nach Liberty Island über East und Harlem River und den Hudson hinunter dauert drei Stunden, die es in sich haben. Zweitens: Empire State Building. Aber dieses Touristensoll kann man vorteilhaft ersetzen durch einen Cocktail im Terrassen„rest" auf dem Beekman Tower, Ecke 49. Straße und First Avenue, wohlgemerkt zur Stunde, in der die Lichter angehen in Mid Manhattan. Unvergeßlich. – Drittens: Wall Street. Wenn irgend möglich, sollte man zweimal dorthin: einmal an einem Arbeitstag um die Mittagszeit, wenn die Straßen die pausierenden Mädchen und Jungbörsianer nicht mehr fassen. Zum andern sonn- oder feiertags: gähnende Leere rundum. Nach Chinatown fahre man abends: Bei Licht wirkt das Viertel exotischer, das kommt auch dem Dinner zugute. Von dort ist's nicht weit zum Night Court im Criminal Courts Building, 100 Centre St.; jede Nacht läuft hier das kleine menschliche Drama bei freiem Eintritt: In öffentlichem Prozeß stehen Diebe, Bums (Landstreicher), Zuhälter und Messerstecher vor ihrem Richter. – Für den Girl watching corner, an dem man die hübschesten Mädchen New Yorks zu sehen bekommt – übrigens Nr. 1 auf der Liste der „American Society of Girl Watchers": Ecke Fifth und 57. Str. –, notiere man die Stunde vor der Lunch-Zeit. Die große Welt beobachtet man am besten in der Halle des Waldorf-Astoria, die blau coiffierten Plaza-Ladies in der Halle des Hotel Plaza. Um echte Indianer zu sehen, muß man nach Brooklyn, am besten ins Wigwam (Nr. 75 Nevins Street), die Stammbar der Mohawks aus Kanada, die, weil völlig schwindelfrei, die Stahlskelette der Wolkenkratzer zusammennieten. Sie lieben Feuerwasser! – Wenn man dann noch Garment Center, das Bekleidungsviertel zwischen 33. und 38. Straße, zur Zeit des Geschäftsschlusses – später ist's da schon gefährlich – und vielleicht irgendein Sportereignis in der Riesenhalle des Madison Square Garden erlebt hat, weiß man schon allerhand von New York. Dann sollte man sich auch den Spaß leisten, Miss Liberty vom Hubschrauber aus auf den enormen Busen zu schauen: Perspektiven! Abflug Pier 6, nahe Wall Street. **W. K.**

12 Monate Hochsaison

New York hat – wie auch die gewöhnlichen Sterblichen unter den Städten – vier Jahreszeiten. Sie sind hier aber nicht immer klar zu unterscheiden: Der Winter geht oft unmittelbar in den Hochsommer über, Kälte, Hitze und Feuchtigkeit wechseln einander unerwartet ab.
Während der Hundstage im Juli und August kann die Hitze unerträglich sein. Dennoch werden seit Jahren mit der Parole „New York ist a summer festival" Millionen amerikanischer Touristen aus allen Staaten hierhergelockt. Sie kommen, sehen, staunen und genießen Theater, Kinos, Konzerte, Ausstellungen und Warenhäuser – alles, alles air-conditioned.
Wer trotzdem gelegentlich die glühende Außentemperatur wahrnimmt, fährt zu den vielen Beaches rings um New York, per Subway, Bus oder Auto leicht erreichbar. Man liegt dort nicht gerade allein am Strand – aber Hunderttausende finden immer ein Plätzchen. Das schönste Ziel: der prachtvolle Jones' Beach am offenen Meer. Unabhängig von den immer noch von altmodischer Natur abhängigen Jahreszeiten hat New York 12 Monate hindurch Hochsaison – Besucher werden hier jederzeit auf ihre Kosten kommen.
Jeder Monat hat irgendein Ereignis, das zu Tradition geworden ist – dank der Geschäftswelt:

Januar: Die großen Winterschlußverkäufe im Inneren der Warenhäuser, während in den Schaufenstern nur Bikinis und Strandkleidung zu sehen sind.

Februar: Im Zeichen von Valentine's Day ist ganz New York mit roten Herzen übersät.

März: St. Patrick's Day am 17. März – schon lange vorher ist alles in Grellgrün getaucht; die Kuchen in den Bäckerläden sind grün, frische Blumen werden grün gefärbt, überall irische Fahnen, Bänder, Abzeichen. Und die stundenlange Monsterparade aller irischen Organisationen mit Höhepunkt vor St. Patrick's Cathedral.

April: Der unerwartete Anblick von Elefanten und anderen großen Tieren, die durch die Straßen von Manhattan ziehen, leitet das alljährliche Gastspiel des „Barnum & Bailey Circus" ein. Easter-Parade – der Massen-Osterspaziergang der nach diktatorischem Reklame-„Muß" neu eingekleideten und behüteten New Yorker aller Rassen.

Mai: Mother's Day – Mütter werden allerorts an diesem Feiertag geehrt; aber die New Yorker Mütter sollen gleichzeitig als „glamour girls" gefeiert werden. Alle Zweige der Mode- und Schönheitsindustrie werben für Geschenke.

Juni: Der Monat der Bräute. Es wird im Juni viel geheiratet, und die Geschäfte stehen im Zeichen der Festlichkeiten, der Silber-, Porzellan- und Haushaltsgeschenke.

Juli: Konzerte in den Parks und auf Plätzen, Beginn des „Summer Festival" – selbstverständlich auch Wahl einer Miss New York.

August: Die Strände sind überfüllt, gleichzeitig stellen alle Warenhäuser nur Pelze aus. Monat der intensiven Pelzwerbung, unter dem Motto: Kaufe jetzt, zahle später!

September: Labor Day – offizieller Schluß des Sommers und der Ferien – keine Strohhüte mehr! Schulbeginn – alle Schaufenster und Anzeigenkampagnen stehen ganz im Zeichen der Teenager.

Oktober: Die schönste Zeit für Ausflüge in die Umgebung von New York: nach Westchester, Connecticut und in alle Vororte. Leuchtender „Indian summer".

November: Das große Reitturnier im Madison Square Garden. Thanksgiving-Day mit Familienfesten und Truthahnschmaus. Beginn der Christmas-Werbung – Aufruf zum Kaufen, Kaufen, Kaufen ...

Dezember: New York in höchstem Glanz. Der größte Baum am Rockefeller Center. Auf der Park Avenue fünfzig Blocks lang Tannenbäume, abends erleuchtet. Die großen Geschäfte haben ihre Verkaufsräume und Schaufenster mit Weihnachtsrequisiten dekoriert. Auch der kleinste Einkauf wird durch „gift wrapping" (Geschenkverpackung) „kostbar" gemacht. Aus allen Ecken ertönt ununterbrochen (und mitunter in penetranter Lautstärke) „Stille Nacht..."

Anita Daniel

Histro-Comical von Old Manhattan

1524 Verrazano aus Florenz / macht mit Mut und Eloquenz / aus Manhattans Indianen / Franz von Frankreichs Untertanen. / Ach, auf seiner nächsten Reise / wird er Kannibalenspeise.

1609 Käpt'n Hudson, Englischmann, / fährt in Hollands Lohn sodann / einen Fluß hinauf, der heute / Hudson heißt. Doch seine Leute / lassen ihn zwei Jahre später / kurz erfrieren als Verräter.

1626 Vierundzwanzig Dollar Tand / gibt für ganz Manhattenland / Minnewit. Neu Amsterdam / schröpft nun den Algonquinstamm. / Heute wird für jenes Geld / kaum ein Dinner hingestellt.

1653 Einbein Peter Stuyvesant, / Gouverneur aus Nederland, / läßt die Bürger Pfähle spitzen, / sie vor Roten zu beschützen. / Duft der großen weiten Welt / schmaucht er, was die Pfeife hält.

1664 England hat fast über Nacht / Hollands Türe zugemacht. / Hilflos steht Neu Amsterdam / vor dem harten Nicholls stramm. / Hände hoch! New York beginnt. / Fortan weht hier Albions Wind.

1776 Freiheit heißt das Losungswort, / Royalisten jagt man fort. / Washingtons Genie bereits / zeigt sein Sieg bei Harlem Heights. / Alles wird nun happyend-end: / Man erklärt sich „independent".

The New Yorker

In Europa gibt es immer noch Leute, die glauben, die berühmteste amerikanische Zeitschrift „The New Yorker" sei ein „Witzblatt", weil sie meist nur die humoristischen „cartoons" (Zeichnungen s. S. 111) anschauen, ohne den Text zu lesen oder zu verstehen. Humor rangiert zwar weit oben im New Yorker (dessen spezifischer Humor nichts mit „Witzen" gemein hat), aber das Magazin, das wöchentlich erscheint, kennt kein Tabu außer Langeweile und schlechtem Geschmack und bringt sehr oft ausführliche „seriöse" Berichte. (Dadurch unterscheidet sich The New Yorker vom Londoner „Punch".) John Herseys „Hiroshima", eine Arbeit, welche die Problematik des Atomkriegs zur Sprache brachte, erschien als Vorabdruck im New Yorker, der dafür eine ganze Nummer von der ersten bis zur letzten Seite zur Verfügung stellte. The New Yorker brachte auch die Erstveröffentlichung von Rachel Carsons „Silent Spring", eine Untersuchung über die drohende Verseuchung der Atmosphäre, und der Bücher von James Baldwin über das Rassenproblem. Was im New Yorker gedruckt wird, erscheint später meist in Buchform. Zur Weihnachtszeit bringt das Magazin eine Liste mit Dutzenden von Büchern, die während des Jahres im Vorabdruck veröffentlicht wurden.

Im Jahre 1925 gründete Harold Wallace Ross die Zeitschrift, seither ist sie weiser, tiefer und wahrscheinlich auch weitschweifiger geworden. Aber an ihrer Konzeption hat sich nichts geändert. William Shawn, seit 1951 der Nachfolger von Ross als Chefredakteur, erklärte kürzlich, das Magazin habe seinen intellektuellen und emotionellen Horizont vergrößert. Es bringt Gedichte, humoristische und satirische Beiträge, Reportagen, Kurzgeschichten, kritische Essays aus den verschiedensten Gebieten und „casuals", Betrachtungen, die mit dem europäischen Feuilleton verglichen werden können. Die Reportagen, heute am wichtigsten, zeichnen sich aus durch „Objektivität, soweit sie menschlich möglich ist, Gründlichkeit, Fairneß, Klarheit des Ausdrucks, Wahrheitsliebe und Genauigkeit – und durch die Fähigkeit, die Tatsachen vom Standpunkt des Verfassers aus darzulegen", wie Shawn es formuliert. Der Autor bleibt gewissermaßen in einem objektiven Sinn subjektiv. Das ist nicht leicht, und es gibt bereits eine typisch New Yorker Art zu schreiben (– und zu lesen).

Weil The New Yorker niemals Konzessionen an den Geschmack der Leser machte, hat er die unruhigen Jahrzehnte überlebt. Viel größere Zeitschriften („Collier's", „The Saturday Evening Post") sind zugrunde gegangen oder in Schwierigkeiten („Life"), aber The New Yorker, mit der verhältnismäßig kleinen Auflage von einer halben Million („Life" hat acht Millionen), prosperiert.

Die Redaktion ist völlig unabhängig von der Geschäftsleitung. Jahrelang war es den Angestellten der Anzeigenabteilung verboten, sich in den Räumen der Redaktion sehen zu lassen. Obwohl die ganze snobistische Welt, von Cadillac bis Cartier, in dem Magazin inseriert, spricht es nicht deren Sprache. The New Yorker ist überparteilich, aber nicht unpolitisch, er kämpft für seine Ideale, ist aufgeklärt und weltoffen, er wendet sich an die gebildeten Amerikaner, von denen es erstaunlich viele gibt, trotz allem.

Der Stil der Zeitschrift ist vorbildlich. Die besten Autoren Amerikas (u. a. E. B. White, James Thurber, John O'Hara, Edmund Wilson) schrieben oder schreiben dafür. Mitarbeiter des New Yorker zu sein, gilt in weiten Kreisen als literarisches Adelsprädikat (weshalb sich eine Anti-Establishment-Minderheit betont distanziert). Zwischen Mitarbeitern und Lesern herrscht eine seltene Vertrautheit, wie zwischen spanischen Stierkämpfern oder Wiener Opernsängern und ihrem Publikum. Kein Wunder daher, daß man bereits von einer „Mystik" des New Yorker spricht. Die Zeitschrift selbst nimmt sich niemals ernst, und selbst eingefuchste Mitarbeiter wissen eigentlich nicht, was zu dieser „Mystik" beiträgt.

Aber 52mal im Jahr erscheint The New Yorker, amüsant, erschütternd, gelegentlich schockierend, mitunter etwas ausführlich, aber niemals vulgär, niemals langweilig, niemals das bringend, was angeblich heute gewünscht wird. Wie viele Druck-Erzeugnisse auf Erden können das noch von sich behaupten? Siehe auch dazu die Bilder auf Seite 87.

Joseph Wechsberg

Heute kenne ich New York und die New Yorker über dreißig Jahre, aber ich habe gelernt, daß ich weniger über sie weiß als im Herbst 1938, da ich, ein naiver Emigrant, nach New York kam. Vom Emigranten zum Immigranten ist es ein weiter Weg. Manche schaffen ihn nie. Vielleicht war damals alles weniger komplex, mehr schwarz und weiß. Ich war jünger, unbefangener, respektloser. Nach wenigen Wochen schrieb ich ein Buch über die Menschen drüben. Ich wußte noch nicht, daß es zwischen Schwarz und Weiß sehr viele Schattierungen von Grau gibt. Das Buch hieß „Visum für Amerika". Ich widmete es „den vielen Amerikanern und Kanadiern, deren Hilfsbereitschaft es die europäischen Einwanderer verdanken, daß sie drüben eine neue Heimat finden".

Die Widmung bleibt weiter aktuell, so wie die Hilfsbereitschaft der Menschen drüben. Das werden viele Emigranten bestätigen.

Was ich damals nicht wußte und heute weiß, ist die Tatsache, daß die New Yorker

die höflichsten Menschen der Welt

sind. Sie nehmen den Hut nicht ab (wozu auch?), aber selbst während der *rush hour* rennen sie nie in den anderen hinein. Wenn der Third-Avenue-Bus noch so voll ist, machen sie immer Platz, wenn man hinein will. Wenn ein Auto, vom roten Licht überrascht, mitten auf der Kreuzung stehen bleiben muß, gehen die Passanten geduldig ums Auto herum, ohne, wie in Europa, auf den armen Fahrer zu starren und mit dem Finger auf die Stirn zu klopfen oder gar auf die Kühlerhaube zu hauen, wie es mir oft im „höflichen" Wien passierte.

Die Höflichkeit der New Yorker entspringt nicht den sogenannten guten Manieren, sondern der Erkenntnis, daß man sich's gegenseitig leichter machen muß, wenn man mit acht Millionen auf einer Insel lebt.

Aber: In einer *emergency,* wenn plötzlich etwas geschieht und man Hilfe braucht, dann sind die Leute plötzlich da. Wildfremde Leute, die einem helfen und nachher wieder verschwinden, in ihr kleines Stück *privacy*.

Unter dem Titel „Alles für die Kundschaft" schrieb ich damals unter anderem auch:

In New York sucht man vergeblich den Dienst am Kunden. Es gibt in keiner Stadt der Welt eine weniger aufmerksame Bedienung als in Amerika. Kein Mensch bemüht sich, freundlich zu sein.

Kauft der Kunde, ist's gut, wenn nicht, soll er's bleiben lassen. In den großen Warenhäusern sind die Verkäuferinnen von einer bestrickenden Unfreundlichkeit.

Der New Yorker ist sachlich; er muß es sein. Er ist niemals in Eile (das war auch eine meiner frühen Falschmeldungen); fast nie sieht man Menschen um die Ecke rennen, weil einem der Bus davonfährt. Es kommt nämlich wieder einer. Die New Yorker, die in der reichsten Stadt der Welt leben, sind sehr arm. Selbst die Millionäre, in ihren *airconditioned Duplex Apartments,* sind nicht gegen die fürchterliche feuchte Hitze gefeit, gegen den Lärm, gegen den Schmutz, gegen die Staubkörner. Selbst die vorerwähnten Millionäre, die sich einen langen schwarzen Cadillac mit Chauffeur leisten können, sind machtlos gegen das Verkehrschaos. Wenn alles steckenbleibt, bleiben auch sie stecken. Daher fahren weise Millionäre mit der Subway hinunter in ihr Office in Wall Street, obwohl auch das nicht gerade ein Vergnügen ist.

New Yorker müssen alles, was sie kaufen, überbezahlen. Die teuren Restaurants sind unverschämt teuer. Ein Taxi zu bekommen ist manchmal ebenso ein Glück, wie in der Lotterie zu gewinnen. Nach dem Lunch geben manche Leute dem Mädchen in der Garderobe einen Dollar Trinkgeld. Wenn man ins Theater gehen will oder gar in die Metropolitan, muß man Wochen, ja Monate vorher die Karten bestellen. Wenn man ganz sicher sein will, zur Ouvertüre zurechtzukommen, muß man am Nachmittag aufbrechen. Das eigene Auto, wenn man so unvorsichtig ist, eines zu haben, läßt man am besten in der Garage, die ein Vermögen kostet ...

Warum leben dann die New Yorker weiter in New York? Vielleicht weil sie so denken wie Gustav Meyrink einst über Prag, der sagte, man sei immer glücklich, Prag zu verlassen, und immer unglücklich, wenn man es verlassen habe.

Heute würde ich kein Buch mehr über New York schreiben, weil ich zuviel darüber weiß. Mir gelang der Sprung vom Emi- ins Immigrantentum. Nicht in New York, wo man so leben kann, daß man jahrelang kein Wort Englisch spricht. Leben möchte ich jetzt nicht in New York. Aber ich bin doch froh, daß es New York gibt. Sonst müßte man es schleunigst erfinden. **Joseph Wechsberg**

Wörterbuch der Kunst: Pop Art

Roy Lichtenstein: A girl's Picture. Öl/Leinwand

Von Pop Art muß man in der Vergangenheit sprechen. Mit den glorreichen sechziger Jahren scheint auch dieser Stil, der von der Kunst zum Mode- und Lebensfluidum avancierte, zu verblassen. Seine Artefakte sind in großen Sammlungen – Ludwig, Ströher, Scull und anderen – kodifiziert, seine Vertreter entwickeln sich von ihrer Manier weg oder haben rückschauend nur am Rande dazugehört. Letzteres gilt für Claes Oldenburg, aber auch für Robert Rauschenberg und Jasper Johns. Andy Warhol ist seit langem in erster Linie Filmmacher und Produzent.

Pop Art war ein erstaunliches Ereignis, ein Augenblick fast völliger Identifizierung von Kunst und Umwelt. Und diese Umgebung war die amerikanische Zivilisationslandschaft zum Zeitpunkt ihrer höchsten Entfaltung. Im Medium von Pop Art spiegelten sich Glanz und Elend der Verkehrs- und Flugmittel, Autos, Raketen, Jets, Raumkapseln – totale Allmacht der von Marshall McLuhan analysierten **mass media,** offene Diktatur der „einsamen Masse" durch die geheimen Werbe-Verführer, hemmungsloser, lustvoller Warenkonsum und absolute Dominanz des Bildes in Fernsehen, Film, Reklame und als Comic-Geschichte. Erstmals faßten die Künstler das großstädtische Ambiente als totale Wirklichkeit auf und bejahten sie, übernahmen ihre reproduzierbaren Bildklischees als formale Mittel.

Von den emigrierten Künstlern aus Europa angeregt, hatten die USA nach dem Krieg zunächst die Entfaltung einer expressiv gefärbten, lyrisch abstrakten Malerei erlebt. Pollock, Rothko, Franz Kline, Gottlieb und Motherwell setzten diese New York School als ersten großen Stil der zeitgenössischen amerikanischen Kunst durch. An der pazifischen Küste arbeiteten Sam Francis und Clyfford Still im gleichen Geist. Rhythmus und Dynamik des amerikanischen Kontinents, dazu ein zwischen Walt Whitman und William Carlos Williams blühender Lyrismus, gingen in die Riesenformate ein, in deren **all-over**-Mustern und mächtigen Zeichen sich Amerika erstmals voll ausdrückte. Aber es war Künstlerkunst, extrem subjektiv, auf die Dauer immer esoterischer und der Wirklichkeit abgewandt.

Gegen diese Abschließung hat Mitte der fünfziger Jahre eine Reihe jüngerer Maler reagiert. Die älteren unter ihnen kamen noch selbst aus dem Klima des **abstract expressionism.** Seit 1954 nahm Robert Rauschenberg die Abfälle der Großstadtzivilisation in seine **combine paintings** auf, die er aber noch mit energischen Pinselstrichen in der Art Franz Klines vereinheitlichte. Geistiger Urheber der Bewegung war Marcel Duchamp, der seit dem Ersten Weltkrieg in New York lebte. Sein Umdenken von Gebrauchsgegenständen in Kunst wurde nun im großen Stil vollzogen. Doch entstand daraus kein Neo-Dadaismus. Die neue Generation begriff sich zwar antiästhetisch, nämlich gegen den Ästhetizismus der New York School gerichtet, nicht aber als Anti-Kunst. Sie wollte vielmehr die Durchschnittsrealität kunstfähig machen. Man hielt sich an stereotype Objekte; Jasper Johns fixierte die amerikanische Fahne, Warhol reproduzierte endlos Campbell-Suppendosen, Roy Lichtenstein brachte durch Stilisierung und riesige Vergrößerung Episoden aus Comic strips zum hieratischen Stillstand, George Segal tat das gleiche mit seinen szenischen Gipsabgüssen von Banalsituationen.

Man übernahm den aus England kommenden Namen Pop Art oder einfach Pop und ergänzte ihn zu populär. Wahrscheinlich mit Recht. Denn diese Künstler, die vielfach im urbanen Milieu aufgewachsen waren, identifizierten sich mit der amerikanischen Massenkultur und ihren Idolen. Andy Warhol malte den Comic-Detektiv Dick Tracy und brachte später seine Streifen mit verschieden eingefärbten Porträtfotos von Marilyn Monroe und Jacqueline Kennedy auf den Markt, während Rauschenberg den Präsidenten selbst zum Zentrum seiner Siebdruckbilder machte. Es fand eine optimistische Identifizierung mit der Politik der Vereinigten Staaten und ihrem jugendlichen Lenker statt, welche die Ermordung Kennedys nicht lange überlebt hat.

Natürlich schloß Pop Art die kritische Einstellung zur Wirklichkeit Amerikas nicht aus. James Rosenquist hat in großen Bilderfolgen ihren fundamentalen Materialismus enthüllt, der sich hinter einer vergöttlichten Technologie kaschiert. Tom Wesselmann nahm, reichlich kommerziell und hübsch pornographisch, den Traum von Sex und Dollars aufs Korn.

Aber während Pop, bald identisch mit Beat und Folk Song, als Siebdruckbotschaft um die Welt reiste und eine ganze Generation dazu brachte, sich aggressiv jung zu fühlen, gingen Amerikas Pop-Künstler selbst in die kritische Distanz.

Der glückliche Moment des Einklangs war vorüber. Vietnamkrieg, Rassenkonflikte, Sozialfragen gestatteten keine unreflektierte Hinnahme der Wirklichkeit mehr. Mit der Unschuld – oder Naivität – verflüchtigte sich auch die Überzeugungskraft. Die Künstler wählten andere Wege. Rauschenberg wandte sich der Elektronik zu, Lichtenstein stilisierte nun „alte" Meister wie Picasso, Léger und neuerdings Monet.

Nur wenige haben durch Pop Art hindurch einen Personalstil entwickelt. Zu ihnen gehört Claes Oldenburg, von heute her gesehen die überragende Figur des Zeitraums. Er erkannte die plastischen Qualitäten des Konsumarsenals der Lebensmittel, Geräte, Kleidungsstücke und machte sie sich durch Aufweichung – **soft** – als Bildhauer gefügig. So wie er auch die großstädtische Umwelt neu durchdenkt und durch zeitgemäße, störende Monumente als Environment überhaupt ins Bewußtsein hebt.

Günter Metken

Andy Warhol: Marilyn Monroe 10 Siebdrucke 1967

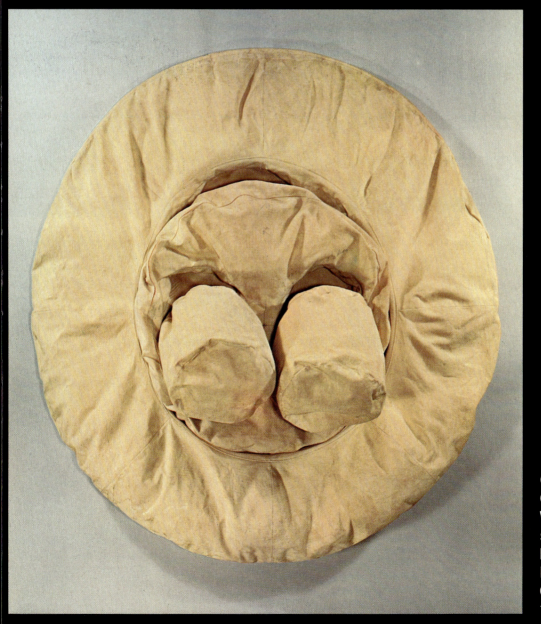

Claes Thure Oldenburg: Weicher schwedischer Riesen-lichtschalter Geisterversion 1966

Fünf von vier Millionen

Von Anaïs Nin

Die Frauen von New York?
Die berühmte Freundin von Henry Miller, Lawrence Durrell und Antonin Artaud, Anaïs Nin, deren Tagebücher literarische Sensation machten, rückt dem Phänomen zu Leibe, indem sie fünf New Yorkerinnen von exemplarischem Rang vorstellt.

Millie Johnstone

Marguerite Young

Das charakteristische Merkmal der New Yorkerinnen ist *motion*, Bewegung. Man müßte sie wie Ballett-Tänzer filmen oder wie Athleten: in Zeitlupe.

Die vorherrschende Stimmung ist *tension*, Gespanntheit, die Gespanntheit ehrgeiziger Rennläufer, Wettkämpfer. So erklärt es sich, daß sie – wie es im 24. Stockwerk eines der größten Glashäuser gegenüber den Vereinten Nationen und dem East River geschieht – nach einem Ausgleich suchen.

Mrs. *Millie Johnstone* gründete die erste Schule für japanische Teezeremonien in New York, um für diese verrückte, hektische Aktivität ein Gegengewicht zu schaffen. Ihr Apartment, eines der schönsten in der City, liegt so hoch, daß man sich auf einem Schiff wähnt, das den Strom entlangfährt. Da Mrs. Johnstone selbst eine Meisterin der modernen Teppichweberei war, ist jeder Gegenstand in den Räumen schön anzuschauen, gut zu berühren, wirkt angenehm. An den Wänden, neben ihren eigenen farbenprächtigen Wandteppichen, die an die Webarbeiten der Peruaner erinnern, hängen Collagen von Varda. Holz, gedämpftes Licht, wollene Teppiche, die lebhaften Farben der Kissen, all das zusammen ergibt einen sinnlichen, sanften Ton.

Ein Zimmer des Apartments jedoch ist völlig japanisch. In die Fenster ist Milchglas eingesetzt, das Tageslicht bleibt draußen. Eine sehr niedrige Couch, ein Fell am Boden, ein Podest mit einem roten Wollstreifen für die Teezeremonie. Der denkbar nüchternste Raum, in dem der Blick auf die einfachen Geräte der Zeremonie konzentriert bleibt. Ein Kessel, eine Bürste, eine Serviette, eine Schale, grüner Tee, eine Waffel. Mrs. Johnstone war Tänzerin; ihre Bewegungen sind ausgewogen und schön. In einen blauen Kimono gekleidet, verbreitet sie die Ruhe und Heiterkeit des Rituals. Ihr Neu-England-Profil hat Stil genug, um den formalen Anforderungen asiatischer Drucke zu genügen.

Mrs. Johnstone fühlt, daß der moderne Mann und die moderne Frau wieder die Fähigkeit zur Ruhe und zur Meditation erwerben müssen, um sich selbst zu finden und zu behaupten in einer Stadt, die rast und vom äußeren Erfolg besessen ist. Sie hat viele Anhänger unter der Jugend.

In einem anderen Mietshaus lebt eine Frau, die in einem womöglich noch stärkeren Maß für die New Yorkerin als Symbol gelten kann, eine, die das Fieber, die Ruhelosigkeit, die Zersplitterung, die Dissonanzen und das Chaos New Yorks auslebt, ohne sie zu kontrollieren. Es ist *Sandra Hochman*, eine Frau um die Dreißig, mit mehreren Preisen für Dichtung ausgezeichnet, blond, witzig, schnell, wirbelig, gesellig und mit einer Unmenge von Interessen, denen sie jeweils nicht mehr als sechzig Sekunden flüchtiger Aufmerksamkeit widmet. Sie schreibt ihre Gedichte zwischen zwei Telefongesprächen, Besuchen beim Friseur und Schneider, abendlichen Ausgängen, Aufnahmen für Harper's Bazaar; sie ist völlig ehrgeizlos, lebt jedoch unter dem Zwang, jeden kennenlernen zu müssen, der einen Namen hat. Hundertmal am Tag ändert sie ihre Wünsche: wieder in Kambodscha zu sein oder in Hongkong, in kalifornischen Orangenhainen zu leben, sich abzukapseln vor dem Virus von New York, dem Virus des Erfolgs – Wünsche, die wie Blütenblätter rund um sie in die Vergessenheit fallen. Sie ist jung und schön und sagt, daß sie, da sie nicht jeden Tag Gedichte schreiben kann, andere Themen aufgreift, Chinesisch lernt, Muscheln sammelt, zu Pferderennen geht, ruhelos, ein Kolibri, jedes Zwitschern ein Gedicht; und wie von allen jenen New Yorkern, die so strahlend erscheinen, als lebten sie in Kunststoffblasen aus unschmelzbarer Freude und Lebenskraft, kommen von ihr bei Nacht Aufschreie der Verzweiflung: „Ich bin einsam. Das Leben in New York ist Gift. Hier gibt es keine wirkliche Freundschaft." Das steht hinter dem Optimismus, der metallischen Oberfläche, dem geistreichen Gedicht, das lächeln muß, weil es der Sport New Yorks ist, zu lächeln, anzugeben, dahinzugleiten, so zu tun, als sei man von einem Überfluß an Kraft getrieben.

Xavore Pove, eine großgewachsene, hübsche Frau, ist von Beruf Pianistin und probt in einem New Yorker Studio für ihre Konzerte. Besser bekannt ist sie jedoch als die Astrologin von Harper's Bazaar. Sie verfaßt ihre monatlichen Horoskope mit Einbildungskraft und Poesie, und wenn sie auch nicht für den Augenblick passen, in dem man es wollte und man sich anstregen muß, um sie wahrzumachen, so zeichnen sie doch ein Schicksal, ein von einem Künstler entworfenes, von einer bestimmenden Schöpferkraft motiviertes Leben, das der Realität, in die wir verstrickt sind, bei weitem vorzuziehen ist. Ihre kleinen Zweideutigkeiten lassen außerdem Raum für Überraschungen offen.

In der Neujahrsnacht ist sie die einzige in New York, die Blei in kaltes Wasser gießt und die entstehenden bizarren Skulpturen als Prophezeiungen liest.

Sie kennt die Minerale, die Pflanzen, manch heilsame Diät, sie setzt die Astrologie zu anderen Wissenschaften und Künsten in Beziehung. Ich vertraue den Lebensbildern, die sie entwirft, denn wie die Liebenden sucht sie das potentielle Ich, das sich entfalten möchte, und da sie unter dem Zeichen unseres Zeitalters, dem des Wassermannes, geboren ist, sollte sie auch fähig sein, seine Absichten zu erkennen.

Weiter nördlich, bei der neunzigsten Straße, wohnt in einem eigenen Haus mit einem kleinen Garten eine schmale, elegante, attraktive Frau, Dr. *Inge Bogner*. In Selb (Bayern) als Tochter eines Arztes geboren, wurde sie zunächst auch Ärztin und fing dann an, sich für die Psychoanalyse zu interessieren. Sie sitzt in einem tiefen, modernen, schwarz-weißen Plastik-Lehnstuhl, und ihre leise Stimme hat einen lebendigen, kraftvollen Ausdruck. Was sie besonders auszeichnet, sind ihre ungewöhnlichen Kenntnisse der Semantik. Sie eröffnen ihr einen eigenen Zugang zu den Geheimnissen der menschlichen Natur und gestatten ihr, Schlüsse nicht nur aus dem Gesicht, den Gesten, den Träumen, sondern auch aus den verworrensten und dunkelsten Ausdrucksweisen zu ziehen. Der Kreis ihres Einflusses auf das Leben von New York wächst, denn natürlich geht jeder, der mit seiner eigenen Neurose beschäftigt ist, herum, spricht darüber mit anderen, und auf diese Weise wird die um sich greifende Destruktion der Persönlichkeit, wie sie das Leben in einer großen, wetteifernden, herzlosen, kommerziellen, unmenschlichen Stadt in zunehmendem Maße zur Folge hat, zumindest ein wenig gebremst. Sie kämpft stetig gegen die Neurose und bildet inmitten der wachsenden Kreise der Krankheit von New York, den wachsenden Gefahren, der wachsenden Angst und Entmenschlichung Kreise der Ruhe aus. Bei Tag arbeitet sie nicht, aber das bedeutet nicht, daß sie nicht aktiv sei. Sie handelt nach den Grundsätzen, an die sie glaubt, sie besucht die Nachbarn und sammelt Unterschriften für notwendige Reformen, klärt Wähler auf, demonstriert – wenn nötig. Sie ist ihrem Wesen nach dynamisch, und ihre Tagesgespräche haben einen lebendigen dynamischen Effekt und eine vorwärtstreibende Qualität. Die Menschen, die von ihr fortgehen, werden nicht blind und übereilt handeln. Sie ist eine Frau, die in Harmonie mit ihren Einsichten lebt, eine Frau in Aktion.

Nun gehen wir fast neunzig Häuserblocks nach Süden zurück, um Amerikas größte Schriftstellerin zu besuchen: *Marguerite Young*. Wir befinden uns in Greenwich Village, auf der Bleecker Street, jedoch abseits der Cafés und Rock-and-Roll-Nightclubs, wir sind dort, wo die Antiquitäten- und Kunstgewerbe-Boutiquen beginnen. Kunst ist das Nachtleben der Menschen. New York treibt einen Kult mit dem Tag und der Künstlichkeit. Mitten darin lebt Marguerite Young und arbeitet seit siebzehn Jahren an ihrem klassischen Buch. Ihre Beschreibung des amerikanischen Unbewußten ist das Äquivalent zu dem, was Joyce für Dublin und seine Freunde geleistet hat. Marguerite Young ist ausschließlich damit beschäftigt, die amerikanischen Träume aufzuspüren.

Ihre Wohnung würde einem Kind gefallen. Sie sieht aus wie ein fröhlicher Antiquitätenladen, in dem vor allem Spielzeug ausgestellt ist, Sammlungen von Puppen, Zinnsoldaten, Karussellpferden, Käfigen, Ringelspielen, Puppenhäusern, Sonnenschirmen, Engeln, Muscheln, Äolsharfen, Halsbändern. Obwohl sie mit ihrem Roman *Miss MacIntosh, My Darling* berühmt geworden ist, hat sie ihren Lebensstil nicht geändert. Sie unterrichtet an der New School for Social Research, ißt in gewöhnlichen Restaurants, holt sich an jedem Abend zur gleichen Stunde die Zeitungen, unterhält sich am Lunch Counter mit dem Nächstbesten und lebt so intensiv in ihrem Werk, an dem sie schreibt, daß man als Zuhörer unwillkürlich hineingezogen wird in seine komischen Aspekte, seine anekdotischen Überraschungen und seine unbegrenzten Assoziationen.

Diese handfeste, gerade, unauffällig gekleidete Mittelwestlerin verwickelt einen unaufhörlich in Verwirrungen zwischen den Worten, in witzige Spielereien, Ausgeburten der wildesten Einbildungskraft. Für New York, das nur seine Aktivitäten im Tageslicht zur Kenntnis nehmen will, niemals seine Gedanken, seine Träumereien, ist diese Ozeanographin der Tiefe ein Phänomen. Wenn sie arbeitet, sind die Blätter über alle Fußböden der drei Zimmer ausgebreitet, die Wände, die Tische, das Bett, die Couches. Eines Tages werden sie über die City von New York herabregnen, dichter als Konfetti für die Astronauten.

Und Mannequins, Stenografinnen, Fotografinnen, Journalistinnen, Verkäuferinnen von Kosmetika, Frauen in politischen Kampagnen, Fürsorgerinnen, Kindermädchen, Telefonistinnen, Frauen am Steuer von Taxis, Chemikerinnen, Herausgeberinnen von Zeitschriften, Frauen in Werbeagenturen, Dentistinnen, Blumenverkäuferinnen, Reporterinnen, Sekretärinnen – alle werden sie auf der Landkarte von New York erscheinen mit den Titeln und Auszeichnungen, wie sie dem Wort eines französischen Dichters entsprechen:

Um eine Stadt zu kennen, muß man ihre Frauen kennen.

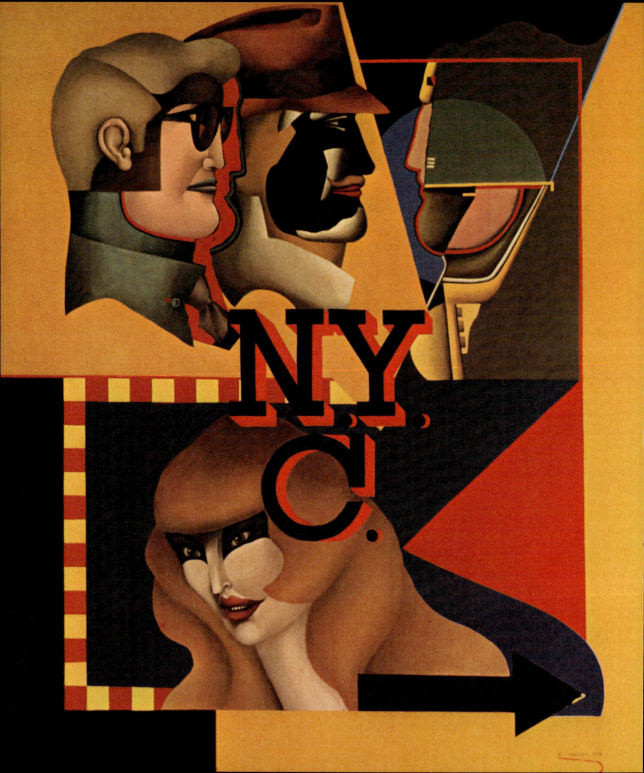

Richard Lindner

Im Werk keines anderen lebenden Malers erscheint der Mensch in so hohem Maße als Spielzeug wie in dem Richard Lindners: Er ist einbezogen in das große gefährliche Spiel der Stadt, das Farbspiel der Verkehrsampeln, der Lichtreklamen und der Schaufenster, in den ständigen Kampf, ihre unablässigen Angriffe, in den Krieg der Straße, der Technik, der Geschlechter; die Peitsche wird zum Attribut der Frau wie das Gewehr zum Attribut des Knaben, gegen die Weste und Mantel, Sonnenbrille und Kapuze nur unzureichenden Schutz bieten. Das erotische Spiel demaskiert sich als ein Kampf um die Macht, jedes Foltergerät der Zivilisation ist zugleich Werkzeug des Vergnügens – und umgekehrt –, die vielfache Verkleidung, Panzerung, Rüstung wehrt nicht zuletzt der schlimmsten Drohung: der Drohung der Lust.

Die Welt des Malers Richard Lindner ist eine Welt der Verkleidungen und Verpackungen, eine Welt sinnlicher Verführungen und suggestiver Begierden, eine Welt der grausamen Kinder und des bösen Spielzeugs, eine Welt, die ohne Vergangenheit blind in ein Morgen hineinleben möchte mit dem Wunsch, nie erwachsen zu werden, eine Welt des Augenblicks, es ist die Welt Amerikas, es ist der Kosmos New York.

Richard Lindner besitzt eine große Sammlung alltäglichen und ausgefallenen Spielzeugs, und wir werden das Wesen dieses zurückgezogen lebenden und arbeitenden, genau beobachtenden und scharf formulierenden, intelligenten und witzigen, eleganten und schmächtigen Mannes besser verstehen, wenn wir diese aus allen Himmelsrichtungen zusammengetragene und auf Regalen sorgsam aufgebaute Sammlung kennen: die Puppen und Masken, Uhren und Glocken, Fotos und Fetische, Artisten und Motorradfahrer, den Clown auf dem Hochrad und den Reiter zu Pferde, die Männer am Billardtisch und den Turner auf der Leiter, den Vogel zum Aufziehen und den Tiger mit dem aufgerissenen, zähnebleckenden Maul.

Richard Lindner geht es darum, die banalen Vergnügungen der modernen Welt, das Nachtleben New Yorks und das Traumleben Hollywoods, Greenwich Village und Madison Avenue, 42nd Street und Fishermen's dwarf umzusetzen in das reine Vergnügen der Kunst und mehr: die Zwiespältigkeit des fleischlichen Vergnügens zu übersetzen in die Vielschichtigkeit des bleibenden Vergnügens der Kunst; aber er kann Vergnügen nicht darstellen, ohne es zugleich zu stören und zu steigern durch vielerlei Beunruhigung, Irritierung und Aggression der Farben, der Formen und der Gegenstände.

Ist das die Welt Amerikas, ist das New York? Gewiß in hohem Maße. Aber nicht ausschließlich. Lindner hat seinen eigenen Begriff einer Spielzeugwelt nach Amerika mitgebracht, als er 1941 in die Vereinigten Staaten emigrierte, und den deutschen mit dem amerikanischen verschmolzen.

Mehr als zwei Jahrzehnte hat er in Nürnberg gelebt, wohin die Eltern 1901 wenige Monate nach seiner Geburt aus dem kühleren und nüchternen Hamburg übersiedelten, dort hat er seine Kindheit verbracht und seine ersten Spiele gespielt, dort hat er die Hexen Baldung Griens im Germanischen Museum gesehen, und dort hat er in der Kunstgewerbeschule die erste künstlerische Ausbildung genossen. Nürnberg, die Stadt des Spielzeugs und der Folterkammern, der Lebkuchen und der Eisernen Jungfrau, der Zinnsoldaten und der Judenverfolgungen, Albrecht Dürers und Hans Sachsens, des Humanismus und der Schulmeisterei, traditioneller Bratwurstgemütlichkeit und mittelalterlicher Turmverliese, diese Stadt hat ihn entscheidend geformt, und er hat ihren Charakter immer als grausam empfunden – den Charakter einer Stadt, die dann später als Stadt der Nürnberger Gesetze in das Leben Lindners, in das von Millionen anderer Menschen so furchtbar eingriff wie kein Religionserlaß der Reformationszeit. Die gleiche Stadt, die in ihren Mauern einige der schönsten und erschütterndsten Kunstwerke Europas beherbergt und die soviel Phantasie an die Herstellung von Spielzeug wendet wie kaum eine andere Stadt der Welt!

Vielleicht ist diese Herkunft aus Nürnberg mit ein Grund, daß in Lindners Werk Kunst und Grausamkeit, Mensch und Spielzeug eine so eigenartige, sinnfällige und unauflösliche Synthese eingegangen sind wie kaum je zuvor in der Kunstgeschichte.

Wieland Schmied

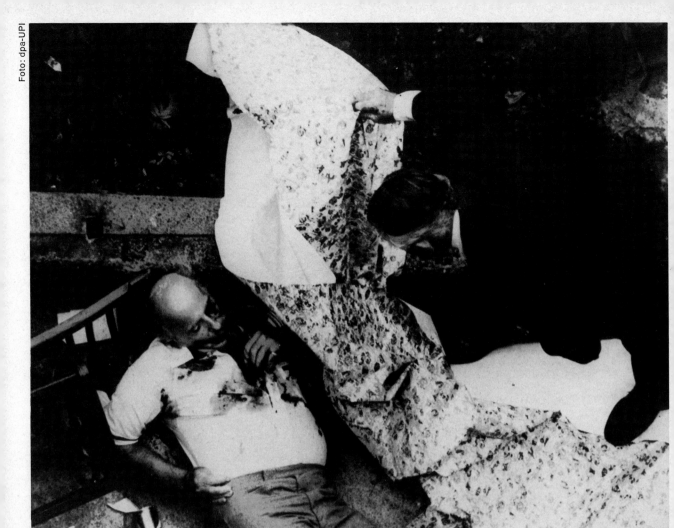
In einem New Yorker Restaurant erschossen: Mafia-Boß Carmine Galante

Im Würgegriff der Mafia Von Walther H. Pfaeffle

Die meisten New Yorker schliefen noch, als auf dem gigantischen John F. Kennedy International Airport das „größte Verbrechen des Jahrhunderts" über die Bühne lief: Sechs maskierte Banditen drangen in den frühen Morgenstunden des 11. Dezember 1978 in das Fracht-Terminal der Deutschen Lufthansa ein, fesselten zehn Angestellte, knackten einen aus nicht geklärten Gründen unbewachten Safe und entkamen mit fünf bis acht Millionen Dollar in unmarkierten Banknoten sowie einer Million in Juwelen. Es war ein typischer Insider-Job, sorgfältig vorbereitet, fehlerlos durchgeführt. Ein Job wie viele andere Verbrechen auf dem Kennedy-Flughafen, wo das Verschwinden von Frachtgut zur Tagesordnung gehört.

Den Fahndungsbehörden gelingt es nur in seltenen Fällen, die eigentlichen Drahtzieher zu überführen, und ein Teil der Diebstähle wird von den um ihr PR-Image bangenden Fluggesellschaften der Polizei gar nicht gemeldet. Denn die Drahtzieher hinter den Flughafen-Verbrechen sind drei der fünf New Yorker Mafia-„Familien", die den Fluglinien nach Schätzung der Gesetzeshüter jährlich eine Milliarde Dollar durch Erpressung oder Diebstahl abnehmen. Schon vor Jahren hatte ein US-Regierungsbericht die Existenz eines organisierten Verbrecherkonglomerats bestätigt, dem ganze Stadtgebiete tributpflichtig sind. Aber Amerikas Strafverfolgern fehlen meist die nötigen Mittel, gegen das inzwischen reibungslos funktionierende Syndikat – auch als *Cosa Nostra* (Unsere Sache) bekannt – Indizien zu sammeln. So belauscht das Bundeskriminalamt (FBI) seit Jahren Unterhaltungen zwischen Gangstern, kann die Abhörprotokolle jedoch nicht als Beweismaterial vor Gericht benutzen. Große Schwierigkeiten zeigen sich bei der Suche nach Zeugen. Terrormethoden sorgen oft dafür, daß Aussagewillige im letzten Moment plötzlich an Gedächtnisschwund leiden. Das Syndikat schreckt auch nicht davor zurück, die eigenen Leute verschwinden zu lassen, wenn die Mitwisserschaft gefährlich werden könnte. So waren Mitte 1979 sechs

Gangster, die an dem Lufthansa-Coup in irgendeiner Weise teilgenommen hatten, entweder verschwunden oder ermordet. Schließlich hat der Regierungsbericht ein Zusammenspiel zwischen Berufsgangstern und korrupten Staatsbediensteten, die der Cosa Nostra die Steigbügel halten, einwandfrei nachgewiesen.

Finanzquellen

Das Syndikat scheffelt jedes Jahr Milliardengewinne aus illegalen Geschäften. Über ihren Jahresumsatz liegen nur vage Schätzungen vor; sie bewegen sich zwischen 20 und 70 Milliarden Dollar. Meyer-Lansky, ein mit der italoamerikanischen Unterwelt verbündeter jüdischer Gangster-Boß, prahlte vor ein paar Jahren: Wir sind größer als U. S. Steel (Amerikas größter Stahlhersteller). Aber selbst der inzwischen eines natürlichen Todes gestorbene Lansky hatte nur vage Vorstellungen vom Umfang der Gangster-Finanzen. Experten vermuten, daß die Einnahmen der organisierten Verbrecherwelt die Profite der zehn größten US-Konzerne übersteigen.

Aus dem illegalen Glücksspiel, neben dem sich die New Yorker Staatslotterie wie ein Waisenknabe ausnimmt, schöpft die Unterwelt jährlich mehr als 50 Milliarden Dollar – die mit Abstand wichtigste Finanzquelle. An zweiter Stelle steht das sogenannte *Loan-Sharking*, der Zinswucher, der wiederum mit den Erträgen aus dem Glücksspiel finanziert wird. Dabei beuten die Gangster die Zwangslage vieler Menschen aus, die sich Geld leihen müssen, das sie auf dem üblichen Wege über die Banken nicht erhalten können. Lukrativ ist auch der Autodiebstahl. Ein maskierter Zeuge sagte vor einem New Yorker Untersuchungsausschuß aus, das Geschäft habe ihm wöchentlich 9000 Dollar eingebracht. Und ein anderer maskierter Zeuge demonstrierte vor einem Kongreßausschuß in Washington, wie leicht es ist, in jedes beliebige Auto einzudringen. Beide Zeugen wollten aus Furcht vor Repressalien anonym bleiben.

Ganz in der Tradition Al Capones, der in den zwanziger Jahren Schnaps und leichte Mädchen verkaufte, betrachtet sich die heutige Cosa Nostra als öffentlicher Versorgungsbetrieb, der lediglich seine Kundschaft bedient – als Träger eines sozialen Auftrags. Das wachsende Eindringen der Bande in ehrwürdige Geschäftsunternehmen, sei es durch Erwerb von Aktienbeteiligungen oder durch Kaufverträge, macht die Strafverfolgung immer schwieriger. Die Mafia betreibt betrügerische Geschäfte unter früher gut eingeführten Namen. Sie läßt sich Protektionsgelder zahlen, vor allem von Barbesitzern und Gastwirten, denen, wenn sie nicht zahlungswillig sind, das Mobiliar zerschlagen wird. Deshalb sind feudale Nachtklubs, Discotheken und renommierte Speiselokale entweder im Besitz des Syndikats oder sie sind ihm tributpflichtig. So vermuten die Kriminalbehörden, daß die New Yorker Discothek Studio 54 mit Geldern der Unterwelt finanziert worden ist.

Daß die Cosa Nostra hinter manchen Geschäften steht, merkt die Öffentlichkeit meist erst, wenn Pannen passieren. Eine Mafia-Familie im Nachbarstaat New Jersey unter ihrem Führer Jerry Catena wollte vor ein paar Jahren an die Supermarkt-Kette A & P ein minderwertiges Waschmittel absetzen. Als sich die Herren von A & P nicht gewogen zeigten, verübte die Bande mehrere Bombenanschläge auf A & P-Läden im Umkreis von New York. Vier Angestellte kamen dabei ums Leben, in mehreren Läden loderten rätselhafte Brände auf, die Gewerkschaften drohten mit Streik. Am Ende mußte Catena sein Ziel doch aufgeben. Die Ermittlungen der Polizei fielen ihm so lästig, daß er auf den Waschmittelvertrieb verzichtete.

Ganz groß ist der *Mob* im Frachtgutgeschäft auf dem Kennedy-Flughafen vertreten, das drei Mafia-Familien kontrollieren. Den Behörden ist es bisher nicht gelungen, den am meisten angeflogenen Flughafen der Welt vom Würgegriff der Mafia zu befreien. Jedes Jahr werden hier 3,5 Millionen Tonnen Fracht mit 30 Milliarden Dollar Gesamtwert abgefertigt. Ein Teil dieser Summe fließt der Unterwelt zu. Der größte Nutznießer ist Frank Tieri, Oberhaupt der früher von Vito Genovese geführten Mafia-Familie und nach Vermutung des FBI mächtigster Mafia-Führer Amerikas. Die beiden anderen am Flughafengeschäft beteiligten Verbrechersyndikate sind die Familie Carlo Gambino, heute von Paul Castellano geführt, und die Familie von Anthony Corallo. Vito Genovese starb vor einigen Jahren im Zuchthaus und Carlo Gambino an Altersschwäche im Kreise seiner Angehörigen. Nach vorsichtigen Schätzungen belaufen sich die Verluste auf dem Flughafen Kennedy auf jährlich etwa fünf Millionen Dollar.

Familiendisziplin

Bei der Durchleuchtung der Mafia-Organisation half vor ein paar Jahren ein Gangster namens Joseph Valachi mit, ein früherer Handlanger des berüchtigten Lucky Luciano. Wie Valachi vor einem Ausschuß des US-Senats bestätigte, unterstehen die insgesamt 24 in den USA operierenden Mafia-Familien jeweils der Kontrolle eines *capo* (Boß), der sich auf den *sottocapo* (Unterboß) stützt, dem wiederum mehrere *capiregime* unterstehen. Das gemeine Fußvolk sind die *soldati* oder *button men*. Eine *commission* (Nationalkommission), in der neun gewählte Mitglieder sitzen, fungiert als Schiedsrichter, wenn es zu Disputen kommt.

Die Cosa Nostra hat gelernt, daß Mord am hellichten Tag im Capone-Stil ihren Zwecken nicht unbedingt dienlich ist. Dennoch sind ihre Methoden nicht sanfter geworden. Gangster unter sich bekämpfen sich mit derselben Brutalität, nur daß es die Öffentlichkeit nicht immer erfährt. Wer lästig wird, verschwindet einfach eines Tages. Denn ein vermißter Mensch erregt weniger Aufsehen als eine blutbeschmierte Leiche im Rinnstein. Prominente Unterweltler sind eines Tages einfach unauffindbar. Einmal belauschte der FBI ein Gespräch, in dem Gangster über Maschinen fachsimpelten, die Körper wie „Frikadellen" zusammenpressen oder Leichen mit chemischen Stoffen pulverisieren können. Die Polizei vermutet, daß der berüchtigte Luciano-Gehilfe Anthony Strollo alias Tony Bender auf diese Weise beseitigt wurde. Bender war dem gefürchteten Brooklyner Boß Joe Profaci unbequem geworden. Eines Tages verließ Bender das Haus, um Zigaretten zu holen. Seitdem ist er vermißt.

Gelegentlich, wenn andere Mittel versagen, ist auch die Maschinenpistole schnell zur Hand. Aufsehen erregte im Juli 1979 eine Mafia-„Hinrichtung". Carmine Galante, der auch in den Lufthansa-Fall verwickelt gewesen sein soll, saß mit zwei seiner Konsorten im Garten eines Brooklyner Italiener-Restaurants beim Nachtisch. Durch die Tür traten zwei Männer. Der ahnungslose Galante hatte keine Zeit mehr, in Deckung zu gehen. Durchlöchert von Maschinengewehrkugeln rutschte er vom Stuhl, die Zigarre zwischen den Zähnen. Die Täter entkamen, wie sie gekommen waren, durch den Haupteingang. Unterwelt-Experten spekulieren, daß Galante „ausradiert" wurde, weil er innerhalb des Verbrechersyndikats zu mächtig werden wollte.

Ein bekannterer Fall ist die Liquidierung des Cosa-Nostra-Chefs Albert Anastasia im Jahre 1957 im Auftrage Vito Genoveses und Carlo Gambinos. Anastasia war ein Verbündeter Frank Costellos gewesen, der nach Lucianos Deportierung Chef der Luciano-Familie wurde. Auf diesen

Posten hatte es aber Genovese abgesehen. Also beschloß er, beide – Costello und Anastasia – zu beseitigen. Im Oktober drangen zwei Männer in das Frisörgeschäft des Manhattener Park-Sheraton-Hotels ein, wo Anastasia unter heißen Tüchern lag, und durchlöcherten ihn mit Pistolenschüssen. Auf Costello war im Mai zuvor ein Attentatsversuch im Vestibül seines Mietshauses in Manhattan gemacht worden. Obwohl Costello nur eine Streifwunde erhielt, trat er nicht wieder in Erscheinung. Genovese hatte sein Ziel erreicht.

Public Relations

Die modernen Cosa-Nostra-Bosse sind bedacht, ein Biedermann-Image aufzubauen; sie sind – wenn es ihren Zielen dient – publicitybewußt. Auf diese Weise dehnen sie ihren Einfluß immer weiter aus. In seiner Glanzzeit verstand es Joseph Profaci meisterhaft, sein Ansehen durch Umgang mit den richtigen Leuten zu pflegen. Millionen hatte er durch Glücksspiel und Prostitution gemacht. Trotzdem wäre er 1949 von Papst Pius XII. fast zum Ritter von St. Gregor geschlagen worden, wenn der Brooklyner Staatsanwalt nicht im allerletzten Moment dazwischengetreten wäre. Seine Freunde, zu denen Richter und Geistliche zählten, nannten ihn einen edelmütigen Menschen, einen Mann, der notleidenden Menschen stets die Hand reichte. Selbst die Kirche konnte seinen großzügigen Spenden nicht widerstehen. Profaci starb 1962 eines natürlichen Todes. Seine Hand hielt einen Rosenkranz umkrampft. In seiner Brieftasche steckte eine Karte, die ihn als Mitglied der *Knights of Columbus*, einer katholischen Laienorganisation, auswies.

Meister der modernen PR-Technik waren die Gebrüder Gallo, Mitglieder der Profaci-Familie, die bis zu seinem Tode im Jahr 1978 von Joseph Columbo geleitet wurde. Von PR-Pionier Edward Bernay lernten sie den Satz: Wer Gutes tut und die Öffentlichkeit davon unterrichtet, verschafft sich Ansehen. Aus den gesetzlosen Gallo-Brüdern sollten tatsächlich in kurzer Zeit angesehene Bürger werden. Einmal rettete das Brüder-Gespann sechs Kinder aus einem brennenden Haus. Die Zeitschrift Life brachte darüber einen Bericht unter der Überschrift: „Allright, already, the Mob is Heroes", etwa: Na gut, die Gallos sind eben Mordskerle. Als Al Gallo, gut gekleidet und glattrasiert, vor die Fernsehkamera trat, sagte er bescheiden: „Was wir taten, hätte jeder echte amerikanische Boy getan." Ein paar Jahre zuvor waren die Gallos in einen der schlimmsten Gangsterkriege verwickelt, der zahlreiche Tote forderte.

Die gute PR-Arbeit sollte sich auszahlen. Als im Brooklyner Stadtbezirk Bedford-Stuyvesant zwischen Italo-Amerikanern und Negern Unruhen aufflackerten, wandte sich das New Yorker Jugendamt hilfesuchend an die Gallos. Leider konnte Joey Gallo an der neuerworbenen Ehrbarkeit nicht teilhaben. Er saß nämlich wegen Erpressung und versuchten Mordes hinter Gittern. Ein paar Jahre später ereilte auch ihn das Schicksal derjenigen, die wegen Selbstüberschätzung bei der Spitze des Verbrechersyndikats in Ungnade gefallen waren: In Little Italy, einem Italienerviertel in Manhattan, saß Joey Gallo mit Frau und Freunden zu fortgeschrittener Stunde beim Nachtmahl in Umberto's Clam House. Zwei maskierte Männer traten durch den Eingang, zückten Maschinenpistolen und eröffneten das Feuer. Joey konnte sich gerade noch auf den Gehsteig schleppen, wo er verblutete. □

Polizei schützt die Bestattungsfeier für Vito Genovese vor Fotoreportern

Existenzen, Existenzen

Von Peter Stadelmayer

„Die Weltstadt ohne Sehenswürdigkeiten", so apostrophierte ein sarkastischer Franzose New York. Aber dafür bietet sie unvergleichlich Sehenswerteres: Menschen, Menschen, Menschen. In der Tat, welche Schicksale hier an Land gespült wurden, welche Karrieren hier begannen oder endeten, kurz das „volle Menschenleben", in das hineinzugreifen immer „interessant" bleibt – zwischen Hudson und East River blüht sein üppigstes Feld.

Drunten im Village, das mit Schwabing und Montmartre den törichten Touristenrummel und einen hohen Prozentsatz von künstlerisch tätigen Bewohnern gemein hat, begann vor ein paar Jahren ein junger Mann aus Berlin mit Puppenspiel. Er hatte daheim Bildhauerei und Tanz gelernt, in derselben Klasse wie der deutsche Schriftsteller, der es mittlerweile zum Wappentier der Nation gebracht hat. Mit seiner russischen Frau und einer gleichgesinnten Gruppe spielte er, wo immer es ging. Auf Hinterhöfen für Kinder und Nachbarn, in kümmerlichen Verschlägen, wo sich so etwas wie eine Bühne und ein paar Lichteffekte einrichten ließen, vor und in Kirchen dann, und schließlich zog man in Demonstrationszügen mit. Immer größer wurden die Puppen, überlebensgroß. Satte und fahle Farben der Gewänder und Gegenstände, schlichte Sentimentalität, anrührende Simplizität, ein Expressionismus, wie ihn Frans Masereel uns vertraut machte. Vor Beginn der Aufführung wird grobes, selbstgebackenes Brot unter die Zuschauer verteilt, wird es gebrochen wie zu biblischem Mahl. Karg, lapidar die Texte, wenn überhaupt das Wort bemüht wird. Militanter Pazifismus im Märchenton, aber auch märchenhafte und biblische Szenen allein. Plötzlich kommt – war's der Freund? – eine Einladung zu einem europäischen Festival. Kritik und Publikum sind begeistert. Eine Tournee schließt sich an, ein Triumphzug fast. Der Erfolg, der Ruhm sind da. Das war im vergangenen Jahr. Jetzt kommt der Freund zu Besuch, wird hier gefeiert. Man erinnert sich, die beiden sind alte Kumpel. Rasch den Namen des Puppenspielers auf die Liste für den großen Empfang. Vor ungebetenen Gästen sieht man kaum den Ehrengast. War der Puppenspieler da? heißt es am nächsten Tag. Rufen Sie doch mal auf der alten Nummer an. Vielleicht ist er verzogen.

Im hohen Apartmenthaus am Park, immer noch ein gutes Dutzend Häuserblocks vom herandrängenden Harlem entfernt, wartet, von fünfzehn Dienstboten umsorgt, in einer Dreiundzwanzigzimmerwohnung eine uralte Dame auf den Tod. Nur einmal im Jahr verläßt sie das Haus, zur Fahrt nach Florida, wo sie den Winter verbringt. In den letzten Jahren war sie kaum mehr zu sehen. Seit langem ist sie verwitwet. Die Hausdiener sprechen nur in gedämpftem Ton von ihr, niemals aber zu Leuten, die nicht im Hause wohnen. Es heißt, sie lasse sich im Rollstuhl durch die Wohnung fahren. Man kann sie sich vorstellen: ein idealer Vorwurf für einen der guten alten Hollywoodfilme. Klein, hager, faltig, vogelhaft, halb Truthenne, halb Hühnergeier, makellos frisiert, maquilliert, manikürt, streng nach Diät lebend. Pillen, Fläschchen, Flacons. Seidentapeten, schwere Teppiche, Stilmöbel, Kristall, alte Meister, Lüster, Portieren, viel Sterlingsilber, indirekte Beleuchtung, eine düstere Bibliothek mit erlesenen Einbänden. Schoßhunde. Und einer davon der Liebling. Für ihn muß der Butler zweimal die Woche zum nur noch von den Enkeln benutzten Landhaus fahren und vom Gärtner ein Stück ausgestochenen Rasen besorgen; denn nur darauf tut der Liebling regelmäßig, was man täglich zur gewohnten Stunde von ihm erwartet. Der Nachruf auf die alte Dame liegt seit Jahrzehnten im Stehsatz der großen Zeitung. Lediglich das Datum und die Todesursache muß der Redakteur der Gesellschaftsspalte noch hinzufügen.

Nördlich der George Washington Bridge, die Manhattan mit dem anderen Hudson-Ufer verbindet, gibt es ein stilles Sträßlein, in dem der Geist des seligen hessischen Heimatdichters Niebergall weht. In zwei höchst gemütlichen Klausen in einander gegenüberliegenden Häusern wohnt und wirkt ein Mann, der sich in verschmitzter Bescheidenheit einen Holzschneider nennt. Mehr als dreißig Jahre in New York haben ihm seinen Dialekt nicht austreiben können. Die Heimatstadt im Odenwald hat ihn zum Ehrenbürger gemacht. Eine Goethemedaille wurde ihm verliehen. Auf beiden Kontinenten schätzt man ihn. Für den Präsidenten Kennedy durfte er ein Staatswappen anfertigen. In die Stadt geht er selten, dann aber trägt er einen Texanerhut keß in die Stirn gedrückt. Doch in einem der vornehmsten Bibliophilen-Clubs hielt er neulich, im verhaßten Smoking, der ihm verdammt gut zum lustigen Gesicht steht, einen heftig applaudierten Vortrag. Seine Wohnung, wo die kluge, hilfreiche Frau makellose Ordnung hält und vorzüglich aufkocht, beherbergt neben köstlichem Krimskrams einen Gummibaum, der eines botanischen Gartens würdig ist. Vier Treppen hinunter, quer über die Straße, vier Treppen hinauf – er ist in seinem Atelier. Fleiß, stupende Kunstfertigkeit, Einfallskraft, Freude an der Arbeit und wieder Fleiß zeichnen ihn aus. Spitzweg würde sich noch im Jahr 1970 in New York wohl fühlen – hier in diesen vier Wänden. Alte Pistolen, ein paar Uniformstücke, Vorlagen für manche seiner Illustrationen, hängen an den Wänden zwischen eigenen Arbeiten und Bücherborden, auf denen die nach seinen Arbeiten gedruckten Bücher kaum noch Platz finden. Altes Mobiliar, ein zersessenes Sofa, auf dem sich Mappen mit Holzschnitten und Zeichnungen und wieder Holzschnitten türmen. Im Arbeitsraum, der winzig ist, ein Schneidetisch, eine kleine Presse. Hier haben sie alle noch einmal das Licht der Welt erblickt: Gulliver und Münchhausen, Aucassin und Nicolette, die Gestalten der Märchen der Brüder Grimm und unzählige andere. Hier blühten aus sorgfältig gewählten Hölzern Wiesen- und

Bergblumen. Kürzlich fand man in Italien Holzplatten, die einer der ganz Großen der Zunft vor Hunderten von Jahren für den dann nicht mehr ausgeführten Schnitt gezeichnet hat. Ein wenig nördlich der George Washington Bridge in Manhattan setzt jetzt ein Holzschneider aus dem Odenwald sein Messer daran.

Drei-, viermal hatte sie angerufen und dann noch einen Brief geschickt. Man war auf ein schwieriges, umständliches Gespräch gefaßt. Sie hatte nach weiten Irrfahrten in der amerikanischen Provinz eine zweite Heimat gefunden. In einem Mädchencollege unterrichtete sie als Deutschlehrerin und hat gewiß mit vielem Bemühen weiterzugeben versucht, was sie auf der höheren Töchterschule gelernt hatte. Die Sprache derer, die sie vertrieben hatten, ist ihr heilig; die Diskussionen über die Entheiligung dieser Sprache sind ihr unverständlich. Anima candida. Sie hat überlebt, doch ein schreckliches Schuldgefühl läßt sie nicht zur Ruhe kommen. Ein ferner Verwandter, der nicht hatte fliehen müssen, war gegen Kriegsende einer Lappalie wegen denunziert und in der Panikstimmung aufs Schafott gebracht worden. Ein Maler, der seinen Zenit noch nicht erreicht hatte; kein Nachschlagewerk nennt seinen Namen. Dem Opfer der Schandjustiz ist eine Straße in der kleinen Universitätsstadt gewidmet, der Maler ist vergessen. Ihn hat sie ein zweites Mal getötet, redet sie sich ein. Denn als sie mittellos in New York ankam, hatte ein flotter Schreiber ihr offeriert, für eine hohe Summe die Biographie des Enthaupteten zu schreiben, die seinen Nachruhm für immer sichern würde. Sie hatte das Geld nicht, der flotte Schreiber ward nicht mehr gesehen. Das Buch, das ihrer Armut wegen nicht zustande kam, fehlt nun für alle Ewigkeit in allen Bibliotheken. Man besieht sich die stichigen Fotos der paar Bilder im Familienbesitz: brave, akademische Arbeiten; eine gewisse melancholische Romantik spricht aus den Landschaftsbildern. Möglichkeiten werden erwogen, Rat wird erteilt, Wege werden gezeigt.
Ein wenig Hoffnung ist plötzlich in ihrem Blick, in ihrer Stimme. Zaghaft drückt sie beim Abschied die Hand, umständlich dankend, schon wieder unsicher werdend. Wie viel, wie wenig hat man ihr helfen können?

Das Hotel ist fast so schäbig wie berühmt. Aber pittoresk noch immer. Und der Gast ist König. Über verwinkelte Treppen erreicht man den Raum, der Musiksalon, Zoo, Atelier und Schlafzimmer zugleich ist. In großen Blechwannen wächst angesätes Gras. Riesige Zimmerpflanzen reichen bis zur Decke. In den Zweigen schlafen tropische Vögel. Nicht nur die Farben, auch die langen Schnäbel machen Eindruck. In geräumigen Glaskästen hausen Schlangen und Echsen, die der Hausherr nach genauem Zeitplan füttert – ab und an auch mit lebenden Mäusen. Ein Zoologe? Nein, er hat Musik studiert und dann zu komponieren begonnen. War früher einmal sehr erfolgreich. Und die Kunst des Arrangierens ist immer gefragt. Ein verschlossener Sonderling? Nein, er liebt Gäste, ist ein vollendeter Gastgeber, liebt Abwechslung, auch bei den Frauen, die Hausfrau spielen dürfen. Heute abend ist hier musikalische Soiree. Auf dem alten Bechsteinflügel ist ein ganzes Musikantiquariat aufgetürmt. Der Solocellist einer der besten Orchester des Landes wird mit dem Hausherrn das Programm bestreiten. Für die Getränke sorgen die Gäste. Zu knabbern gibt es auch. Nach langer, qualvoller Wahl entscheidet man sich für einen Beethoven. Der größere Teil des Antiquariats wird anderswo verstaut. Sorgfältig stimmt der Cellist sein kostbares Instrument. In den Zweigen regt sich was. Das Klavier beginnt. Schöner, voller Klang. Der Mann pflegt sein Instrument. Und trotz eines gewissen Schluderns merkt man doch die gute Schulung, die der Spieler einmal genossen hat. Das Cello jetzt. Welch herrlicher, voller Strich. So gut Beethoven in dieser Umgebung zu hören – wer hätte es erwartet! Noch ein Schluck aus dem hohen Glas, dann sich zurücklehnen, nur noch hören. Da – ein markerschütterndes Kreischen, und der Tukan stößt schwingenschlagend aus dem Gezweig, fliegt um Haaresbreite über die Köpfe der entsetzten Gäste hinweg.
Die Spieler unterbrechen. Der Hausherr beruhigt den Vogel. Man versucht es von neuem. Aber der Tukan muß etwas gegen Beethoven oder wenigstens gegen diesen Beethoven haben. Merkwürdigerweise verhält er sich während des Chatschaturian völlig ruhig. Nachdem der Freund und Nachbar des Hausherrn uns in später Nacht ins Taxi gesetzt hat, winkt er noch einmal, blickt dann prüfend und fast furchtsam nach links und rechts und eilt zurück ins Haus. Vor ein paar Wochen hat man ihm dort an der Ecke eine Flasche über den Schädel geschlagen, die Naht an der Schläfe war noch deutlich zu sehen. Er hatte Glück gehabt, war bei Bewußtsein geblieben, warf die Geldbörse weg und erreichte blutüberströmt die Lobby. Mit wilden Tieren lebt sich's friedlicher, auch wenn sie einem Beethoven verbieten.

Es gibt schon eine Schallplatte von ihr. Die ungeschulte Stimme soll rauchig klingen, wirkt aber eher rührend. Was immer sie bringt, hört sich an wie das Wiegenlied einer zu jungen, vor Überanstrengung heiseren Mutter. So was kennt man von den „Ferner liefen" beim Folksong-Wettbewerb. Aber sie hat's geschafft. Von der Plattenhülle starrt sie maskenhaft ins Leere. Das übertriebene Augen-Make-up läßt sie leidend aussehen, nicht etwa verrucht. Farbendruck hat der Plattenproduzent nun doch nicht riskiert. Daß die langen, gestrählten Haare rot sind, stellt man daher erst fest, als sie erhobenen Hauptes, mit wehendem schwarzem Cape, daherkommt. Eine betont lässige Trägheit, wie man sie von den Eingeborenen in tropischen Zonen kennt, verbirgt nicht ganz die füllenhafte Ungelenkigkeit. So groß hatte man sie sich nicht vorgestellt, so schlank schon, auch so blaß. Sie gehört zu der Star-Riege des flachsblonden Allround-Artisten, dem jegliches unbefangene Dilettieren zu klingender Münze wird. Ihre langen Gliedmaßen, die müden Bewegungen, hellen Kinderaugen waren schon auf vielen Leinwänden beiderseits des Atlantiks zu bewundern. Es scheint vollauf zu genügen, daß sie jung, fotogen und unverkrampft ist. Sie ist leise, höflich, zurückhaltend. Als Romanhelden noch Lampioon und Abel hießen, hätte man sie etwa Anemone genannt. Die wohlgeformten Finger prüfen die Tastatur des exotischen Orgelchens. Sie scheint mit dem Ergebnis zufrieden zu sein. Vor drei Tagen war sie noch in Frankreich. Schön sei es gewesen, ganz anders, als sie gedacht. Und auch sehr viel billiger als befürchtet. Aber sie stellt offenbar geringe Ansprüche. Ein Sandwich, ein alkoholfreies Getränk, viele Äpfel. Und die gab es gerade überall. Ihr Amerikanisch ist akzentfrei, aber in der deutschen Muttersprache hat sie doch das größere Vokabular. Man hört es ihr nicht an, daß sie vom Rhein kommt. Ob beim Haarekämmen manchmal an die Loreley denke, fragt einer. Es klingt ein wenig deplaciert. Sie blickt ihn groß und nachdenklich an. Ja, manchmal, das sei doch so schön traurig.
Dann nimmt sie das Cape und verabschiedet sich. Sie muß heute noch lange lesen – „Mein Kampf". Eine faszinierende Lektüre sei das, gerade heute. Wenn man bedenke... Sie läßt den Satz unvollendet und schwebt davon.

New Yorks Hausgarten

Johannes Urzidil

Man hält New York für eine „Steinwüste". Aber das ist ein Irrtum. Denn es gibt dort 1300 öffentliche Parkanlagen, die 17 Prozent des gesamten Stadtgebietes von 82000 Hektar (zwischen den Uferbänken des Hudson-Stromes und den Gestaden des Ozeans) umfassen.

Im Zentrum der fischartig nord-südlich sich erstreckenden New Yorker Hauptinsel Manhattan liegt der Central Park. Das ist kein poetischer Name. Das grüne Riesenrechteck von 350 Hektar, ausgebreitet zwischen Hochhäusern und Museen, hat gewiß nicht die Anmut des Bois de Boulogne oder den Adel des Hydepark und seiner Annexe; dennoch besitzt der Central Park viel Romantisches, freilich auch manches Unheimliche und zuzeiten sogar Gefährliche. Die gegensätzlichsten Welten begegnen dort einander, denn die südliche Schmalseite gehört der fashionablen Welt an, die nördliche aber schon der Negerstadt Harlem. Westlich und östlich siedelt das mittlere Bürgertum. Nach Quadratfuß gerechnet ist der Geldwert (in den USA immer das Hauptkriterium) dieses in der kostbarsten Stadtmitte gelegenen Grundstücks so ungeheuer, daß demgegenüber alle Kaufsummen, die von der Regierung für ganze Staaten wie Louisiana oder Alaska angelegt wurden, auch auf heutigen Kurs umgerechnet, einen Pappenstiel darstellen.

Der Central Park mit seinem nüchternen Namen ist dennoch eine Kunstlandschaft poetischer Herkunft, denn der Dichter William Cullen Bryant hat ihn 1844 angeregt. Zwölf Jahre später, nach Überwindung der merkantilen Präliminarien, machten sich die beiden Gartenarchitekten Vaux und Olmsted mit 3000 Arbeitern an die gigantische Aufgabe, die Felsen zu sprengen und das Gelände zu planieren, nachdem man vorher die in den Gestrüppen, Höhlen und Klüften hausenden Squatter, Lungerer, Falschmünzer und anderen dunklen Individuen ausgesiedelt hatte, gemeinsam mit ihren

Fotos: Held, Anthony

Schafen, Schweinen und Hühnern, deren legitimes Anrecht auf das Terrain allerdings weniger strittig war. Nach und nach wurden gegen 100000 Bäume und eine gute Million Sträucher angepflanzt, Teiche wurden angelegt zwischen den erratischen Blöcken, an deren quarzigem Felswerk, grünlichen Glimmerschiefern und mit Fossilien durchsetztem Sedimentgestein man die geologische Struktur Manhattans studieren kann. Aus England importierten Parkarchitekten vierzehn Sperlinge, deren Brut bald nicht nur den Park in Besitz nahm, sondern weite Gebiete der Vereinigten Staaten. Im Park freilich blieben sie nicht allein. Die verschiedensten Vogelvölker sind dort heimisch, Finken, Rotkehlchen, Spottdrosseln, Blauvögel, Meisen, Zeisige, Wasservögel und zahllose Tauben, dazu allerlei flink huschende Vierfüßler, die dort ihr Wesen und Unwesen treiben und dadurch die beiden zoologischen Anlagen des Parks gleichsam ins Endlose erweitern. Die Stadtkinder, die eben erst im Naturwissenschaftlichen Museum an der Westseite des Parks ausgestopfte Tiere betrachtet haben, sehen viele ihrer Art jetzt lebendig und können auch im „Kinderzoo" mit den domestizierten nähere Freundschaften anknüpfen.

Für die New Yorker hat der Central Park etwas Charismatisches. Versuche der Stadtverwaltung, da oder dort ein Stückchen abzuzwacken oder auch nur zu verändern, machen die Öffentlichkeit sofort nervös und widerspenstig. Denn obwohl er, wenn die Dämmerung einbricht, aber gelegentlich auch am Tage, ein Refugium für Halunken ist und jedermann weiß, daß man sich dort vorzusehen hat, so ist der Park doch morgens und nachmittags mit Zoo und Karussell ein Kinderparadies, ein Rollschuh-, Radler- und Ballspieler-Elysium, die Reitwege sind elegant belebt, als wären sie von Constantin Guys flüchtig hingepinselt, die Schachspieler meditieren an ihren Tischen, die Liebesleute – sofern es sie heutzutage noch gibt – treiben, was sie überall treiben, um das große Wasserreservoir von drei Kilometern Umfang trainieren die Langstreckenläufer, im „Harlem-Meer" und auf den übrigen sechs Teichen läßt sich rudern (allenfalls im Winter darauf Schlittschuh laufen), in der warmen Jahreszeit gibt es auf der „Mall" mit ihrem Orchester-Rondell Konzerte oder auch Tanzmusik, zu der 4000 Paare bequem (oder wenn sie dies wünschen auch unbequem, aber beglückend) tanzen können. Und es gibt Freiluftaufführungen, besonders von Shakespearestücken (in einem besonderen „Shakespearegarten" werden hier alle Gewächse und Kräuter gezogen, die er jemals erwähnt hat).

Im Winter, bei tüchtigem Schneefall, kommen auch die Skiläufer auf ihre Kosten. An der Südostecke des Parks warten altertümliche Pferdedroschken, um romantische Paare durch die schattigen Alleen zu fahren. (Einmal winkten mir Alma und Franz Werfel aus einer solchen Droschke zu.) Am Südwestende aber lagern sich in den Mittagspausen Hunderte von Menschen auf dem Rasen im Schatten der Rostralsäule, auf deren Spitze die New Yorker Italiener einen winzigen Columbus aufgestellt haben, damit ihre historischen Verdienste um die Neue Welt unvergessen bleiben. Auch ich lag dort oft genug mit einem Job-Kollegen, ein Wurstbrot zum Lunch verzehrend, Schach spielend und die Mittagspausenzeit überschreitend. Freilich gibt es im Park auch ein Restaurant und eine Cafeteria. Aber das Frühstück im Grase ist ein Boheme-Privilegium, das dem Sinn des Parks eher entspricht. Reste eines Forts aus dem Krieg gegen die Engländer und ein Blockhaus aus den Indianerkämpfen sind kleine historische Merkzeichen im Park, dessen ältestes Objekt die auf 35 Jahrhunderte zurückblickende „Nadel der Kleopatra" ist, ein ägyptischer Obelisk, der mit Kleopatra nicht das geringste zu tun hat; vielmehr weisen seine Hieroglyphen auf jenen Pharao hin, dessen Tochter Moses als Baby aus dem Schilf des Nil fischte (den biblischen Moses, nicht den hierzustadt populäreren ehemaligen Parkdirektor Robert Moses, der sich unter La Guardia erhebliche Verdienste um den Central Park erwarb).

Allenthalben stößt man auf geschmacklose Monumente von Lokalgrößen, Erfindern, Generälen und sogar Genies (auch Schiller und Beethoven sind mit von der Partie). Doch betrachtet man gerne das des Hundes „Balto", der in den zwanziger Jahren Antitoxine nach Nome in Alaska brachte, mit denen man dort eine Epidemie verhindern wollte. Ebensolieb sind mir das Denkmal der „Alice im Wunderland" und das Andersen-Monument, das den Kindern in New York von den Kindern Dänemarks geschenkt wurde. Immerzu sieht man Kinder vergnügt auf den Figuren herumklettern und ihre Spiele treiben, und zuweilen können sie den Märchen und Geschichten der öffentlichen Erzähler lauschen, was etwas Homerisches, jedenfalls aber etwas Südliches hat (wir befinden uns ja auf neapolitanischer Breite). Als einmal der dänische König einem solchen Erzähler zuhörte, fragte ihn ein New Yorker Bübchen: „Wo hast du denn eigentlich deine Krone?"
„Die setzte ich nur zu Hause in Dänemark auf."
„Falsch. Ein richtiger König trägt immer eine Krone."

Für die Sicherheit sorgt eine kleine Polizistenarmee zu Fuß, zu Pferd und motorisiert. Zur Verhütung speziellen Unfugs gibt es auch Polizisten in Frauenkleidern, die als Lockvögel fungieren. Trotzdem geschieht zwischen Berglorbeer und Rhododendren manche Übeltat, aber nichts Ärgeres als sonst in allen übrigen Vierteln der megalopolischen New Yorker Wildnis, zwischen deren schwindelnd hochgetriebenen Gebäudemassen der Central Park den grünen „Hausgarten" darstellt, ein ansehnliches Stück Natur, gesehen durch das Temperament der New Yorker, deren soziologische Schichtung von der hellsten bis zur düstersten Nuance hier gespiegelt erscheint.

Eröffn' ich Räume vielen
*   Millionen,*
Nicht sicher zwar,
*   doch tätig-frei zu wohnen*

so signalisierte Goethe in Faust II die neue Zukunftswelt Amerikas. Und so ist sie auch ausgefallen. Man kann eben nicht alles haben. Zwischen Ginkgobäumen und Taxushecken, im Platanen- oder Eichenschatten, beim Picknick im Gras neben den Rosenbeeten, wo es auch sei:
Das Zeitalter läßt immer seine Düsenjäger und Hubschrauber darüber dröhnen, seine Autoschlangen daneben hinrasen und rundherum die hoffnungsselige und hoffnungslose, sich tagtäglich vermehrende Menschheit paradieren und protestieren.

Manhattan Cocktail

(Zwei Gläser Scotch, ein Glas Wermut, ein Spritzer Angostura in einem mit gestoßenem Eis gefüllten Mixbecher gut durchschütteln und in Gläser seihen, in denen eine kandierte Kirsche liegt. Mit etwas Zitronenöl und Zitronenschale servieren.)

The New York Submarine. Erstaunlich, wie unerstaunlich sich die größte Stadt Amerikas gibt, wenn man sie bei strömendem Regen und heulendem Sturm kennenlernt. Die Straßenzeilen sind nicht breiter als anderswo, die übersehbaren Dimensionen banal geläufig. Die dritte Dimension in die Höhe bleibt dem Fremden bei solchen Wetter verschlossen. Der im Bus oder Taxi eingeschlossene Verkehrsteilnehmer erlebt das Ende des hochgepriesenen technischen Zeitalters, den völligen Verlust der Mobilität, der Fußgänger das unerwartete Hochgefühl seiner physischen Überlegenheit.

Wo bleiben die Superlative? Daß die verstopften Automühlen noch langsamer mahlen als daheim in den schlimmsten Stunden? Daß die New Yorker noch fatalistischer kapitulieren? Einige Überraschungen sind gleichwohl zu registrieren: daß die Unfallwagen selbst durch den zähesten Verkehr noch ihren Weg finden – irgendwie drücken sich Busse und Autos so eng aneinander, daß in der Straßenmitte ein knapper Streifen frei wird. Sodann, daß auch der unvermutet Haltende vom nächsten respektiert wird. Die Hupkonzerte gelten fast immer der Gesamtsituation, kaum je dem Einzelfall. Der Fußgänger vollends genießt Narrenfreiheit und wird auch in seinen verrücktesten Sprüngen nicht behindert.

Darauf muß er allerdings auch bauen können, wenn er überleben will: Die Trottoirs sind so heimtückisch, die Straßendecken so uneben, daß sein Hüpfen zwischen den Pfützen zu einem riskanten Querfeldeinlauf wird. Ich habe starke Männer schmerzverzerrt ihren Knöchel massieren sehen. Ich sah sportliche junge Damen inmitten von sturmüberkräuselten Wasserflächen zusammenbrechen: Der eingeklemmte Schuh der einen war nur unter Preisgabe des starken Absatzes zu befreien; die andere schleppte sich hinkend in einen Hauseingang und sank dort in ihrem Maximantel aus Knautschleder in sich zusammen; wer weiß, welch lebensentscheidendes *date* das verdrießliche New-Yorker Pflaster dieses Mal auf dem Gewissen hatte.

Die Tiefe der Pfützen ist im abendlichen Gefunkel der Lichter gar nicht abzuschätzen. Nach hundert Metern ist man sich bereits einiger Fehltritte bewußt, trägt das über dem zu tief placierten Fuß zusammengeschlagene Wasser im Schuh mit sich, es ist ungechlort, zum Unterschied von dem im Hotel. Auch von den Motorisierten wird man befeuchtet. Sobald einmal eine Verdauungslücke im Verkehrsdarm gähnt, stürzt sich das nächste Fahrzeug mit heulendem Motor hinein, imposante Fontänen erfindend. Der stoische Bewunderer von Wasserspielen wagt nun auch seinen Schirm zu kippen und das Drehgelenk des Nackens. An immer kleiner werdenden Lichtpunkten klettert sein Blick gen Himmel, dorthin, wo nach Aussage seiner Leidensgefährten der Welt höchstes Gebäude den Leuchtfinger erheben soll. Zwischen jagenden Wolken und Wasserschleiern nimmt er Farbeffekte wahr, die dafür gelten können. Ach, hätte er doch nicht wahrgenommen! Eine Kas-

Gerhard Prause.
Sein Werk bei Hoffmann und Campe.

Herodes der Große
König der Juden.
373 Seiten, 32 Seiten Bildteil mit 38 schwarz-weiß
Abbildungen, 2 Karten, 1 Stammbaum, 1 Zeittafel,
gebunden, DM 34,-

Der goldene Tratschke
Die 125 schönsten und neuesten Geschichtsrätsel.
304 Seiten, gebunden, DM 24,-

Tratschke fragt: Wer war's?
Geschichtsrätsel mit ihren Antworten aus der ZEIT.
(Das kleine Geschenkbuch)
Folge 1: 147 Seiten, gebunden, DM 8,80
Folge 2: 123 Seiten, gebunden, DM 8,80

Tratschke fragt weiter: Wer war's?
Auf's neue Geschichtsrätsel mit Weltberühmten.
(Das kleine Geschenkbuch), 128 Seiten, gebunden, DM 8,80

Tratschke fragt: Wer war's denn nun?
Lösungen in Spiegelschrift. (Das kleine Geschenkbuch),
gebunden, DM 8,80

Tratschke: Wer war's diesmal?
33 neue Rätsel. (Das kleine Geschenkbuch),
132 Seiten, gebunden, DM 8,80

kade geht auf ihn nieder, hart und gekonnt – der gesammelte Schwall einer defekten Regenrinne. Wieder unter die Kuppel seines Schirms gebannt, reflektiert er über die eitlen Verlockungen der dritten Dimension.

Nicht lang. Die stets wechselnden Böen fesseln ihn. *Vestigia terrent:* Noch nie hat er so viele Regenschirmkadaver beieinander gesehen. Wie Schuppen fällt es ihm von den Augen: Vaterland der ready mades – die abstrusesten Drahtplastiken treiben den Bordstein entlang, die schnelleren haben einen Rest Segel am Mast. An der Straßenecke geraten sie in einen Wirbel und versuchen zu fliegen. In einer Anwandlung von Rührseligkeit erspare ich meinem Schirm das hehre Los, ein Kunstwerk zu werden, und falte ihn zusammen.

Mit der Circle Line round Manhattan. An Bord Kadetten der „Eastern Military Academy" von Long Island. Darunter schmale Negerköpfe und bullige kleine Yankees. Der Regen verzieht sich. Lichtblicke. Skyline in vielen Tinten. Ferries von Staten Island setzen orangenfarbene Flecke ins düsterer werdende Wall-Street-Viertel. Die Brücken, die UNO-Gebäude, die Hospitals; die Erklärungen des Guides: sein Pathos der Superlative in quälend dröhnender Lautsprecherverstärkung. Das macht selbst Gracie Mansion, des Mayor's Amtssitz, zuschanden. Der Harlem River und die Drehbrücke. Und endlich wieder der Hudson. Und die Aussicht, dieser dröhnenden Ansagerstimme zu entgehen.

Museum of the City of New York. Einige interessante Lithographien von ehedem. Auch viele Provinzialismen. Seltsam die Möglichkeit, sich als Donator, als Stifter schon vorhandener Schaubilder deklarieren zu lassen – man erkundige sich nach den Bedingungen bei der Direktion. Ein gut gedecktes Scheckbuch ist mitzubringen.

Eine der Hauptannehmlichkeiten dieser Stadt ist die kulinarische Omnipotenz. Esse soeben im Nataray-Restaurant vorzüglich indisch. Im Haus daneben könnte ich die Kaschmir-Küche probieren, zwei Häuser weiter irisch essen. Um die Ecke liegt das sehr gute französische Restaurant Bourgogne, eingerahmt von deutschem Hasenpfeffer des „blue ribbon" und vom saltimbocca einer italienischen Taverne, vom Chop Suey eines Chinesen und von den Crêpes einer bretonischen Garküche.

Zu Macy's, des sagenhaften Rufes wegen. Die jungen einkaufenden New Yorkerinnen fahren in ihren Maximänteln die Rolltreppen rauf und runter, statuengleich wie die Schlangengöttin von Knossos. In der Sportabteilung beleibte Mamies vor einem Skifarbfilm, die blondgesträhnte Vorführerin daneben im Phöbe-Zeitgeist-Look: schwarze Stiefelschäfte bis Handbreit über die Knie. Schwarzes Lederröckchen bis Handbreit unter den Schoß. Rote, knappsitzende Bluse.

Der Golflehrer in einer anderen Zone der Sportabteilung. Typ: Staatssekretär im Ruhestand. Er verströmt ganze Wolken von unbeschränktem Zeithaben. Vor ihm junge Angestellte, die sich auf einem Botenweg kurz hierher gestohlen haben. In den zehn Minuten, die ich zuschaue, lernen sie aus dem leisen Lautsprechermund und den müden Bewegungen des Teachers freilich nur, wie man einen Golfschläger anfaßt: Ganz ans Ende die Linke; die Rechte so dicht daran; daß der kleine Finger schon auf der Linken aufliegt. Diesen Standardgriff werde ich mein Leben lang nicht mehr vergessen.

Zwischendurch fällt die um des Teachers Hals hängende Lautsprechervorrichtung sätzelang aus; dann ertönt sein eigenes Organ – wie eine Stimme aus dem Grab. P.F.V.

Bücher zum Thema

Anita: Ich reise nach New York. Kleine Gebrauchsanweisung für die große Stadt. Birkhäuser-Verlag, Stuttgart/Basel. 6. Aufl. 1975. 280 S. m. Zeichn. Ln 18,– DM

Ashton, Dore: New York. C. J. Bucher, Luzern 1973 (Buchers Reiseführer zu den Zentren der Kultur). 150, tls. farb. Fotos, 288 S. Ln. 32,– DM

Baedekers Kompakt-Reiseführer: New York. Baedekers Autoführer Verlag, Kemnat 1977. 12 mehrf. Pl., 11 Grundr., 7 Tab., 7 Zeichn., 96 S. Kt. 6,90 DM

Fro: New York on $ 15 a Day. 211 S., 22,50 DM

Frommers Guide to New York 11,50 DM

Goldstadt-Reiseführer: Jutta May: New York und Reiseland USA (Bd. 4207). 3. Aufl. 1976. 36 Abb., 2 Übersichtsktn., 10 Zeichn., 342 S. Glksch. 12,80 DM

Guide Bleu: New York and its inhabitants. 176 S. mit zahlr. Abb. u. Plänen. 15,50 DM

Harris, Arthur S./Hiroshi Isogai: This Beautiful World: New York. 5. Aufl. 1973, 142 S. m. farb. A. 14,80 DM

Koeppen, Wolfgang: New York. Phil. Reclam jun., Stuttgart (RUB Nr. 8602). Kt. 1,60 DM

Lehnartz, Klaus: New York. Ein Bildband. Stapp Verlag, Berlin 1969. 256 Abb., 192 S. Ln. 28,– DM

Lietzmann, Sabina: New York. Die wunderbare Katastrophe. Hoffmann und Campe Verlag, Hamburg 1976. 319 S. Lin. 32,– DM

Metropolis 1 – New York als Mythos. Unter Mitarbeit von A. Adam/C. Robinson/P. Muratore/M. Manicri-Elia/G. Rapisarda-Tafuri. Arthur Niggli Verlag, Niederteufen/Schweiz 1976. Ca. 60 S., zahlr. Abb. Brosch. 10,– DM

Metropolis 2 – New Yorker Architektur. Unter Mitarbeit von A. Adam/N. Oechslin/P. Bletter/R. Kohlhaas/G. Cincci. Arthur Niggli Verlag, Niederteufen/Schweiz 1976. Ca. 60 S., zahlr. Abb. Brosch. 10,– DM

Michelin – Grüner Führer: New York City. In englischer Sprache. 144 S., ktn. Pläne. Kt. 15,– DM

Nagels Enzyklopädie-Reiseführer: New York City. 1973. In englischer Sprache. 184 S., 1 Plan. Kst. 25,– DM

New York. Time Life Amsterdam (Life Große Städte). 1977. Zahlr. farb. Abb., 200 S. HKst. 36,– DM

New York. Vom Indianerdorf zur Superstadt. Bibliographisches Institut, Mannheim (Berühmte Städte, 1) 1977. Zahlr. Abb., 24 S. Pp. 7,80 DM

Osman, Randolph E.: New York. Ein Kunstführer. Prestel-Verlag, München 1969. 150 Abb., 340 S. Ln. 26,50 DM

Page, Thomas: Farbiges New York. F. A. Herbig Verlagsbuchhandlung, München 1976. Zahlr. Farbfotos, 112 S. Pp. 24,80 DM

Peter, Charlotte: New York. Hallwag Verlag, Stuttgart/Bern 1975. 60 Abb., 2 Ktn. 144 S. Kt. 18,– DM

Peterson, Joyce: Mein geliebtes New York. Verlag der Europäischen Bücherei, Bonn 1964. 100 Fotos, 12 Farbtaf. von Peter Fink.

Polyglott-Reiseführer: New York (Bd. 724). Langenscheidt Verlag, München. Ca. 64 S. m. zahlr. Zeichn. u. Ktn. Kt. 5,80 DM

Pritchett, V. S./Evelyn Hofer: New York. Herz und Antlitz einer Stadt. Droemersche Verlagsanstalt, München (Knaur TB 205). 160 S., 16 Fotos.

Scharpenberg, Margot: Einladung nach New York. Langen-Müller Verlag, München o. J. 12 schw.-w., 12 farb. Abb., 288 S. Ln.

Zu unseren Autoren

Hermann Kesten, geboren 1900, studierte nach seiner Nürnberger Gymnasialzeit an den Universitäten Erlangen, Frankfurt am Main und Rom. Von 1927 bis 1933 war er Cheflektor des Gustav Kiepenheuer Verlages in Berlin, danach bis 1940 Cheflektor des Exil-Verlages Allert de Lange, Amsterdam. Sein umfangreiches literarisches Werk umfaßt Romane, Biographien, Essays. Zuletzt erschienen „Die Lust am Leben", Essays, 1968, und „Ein Optimist", Beobachtungen unterwegs, 1970.

Norman Mailer, Jahrgang 1923, Autor von „Die Nackten und die Toten" und „Hirschpark", bewarb sich 1969 in einer mit seinem Freund Jimmy Breslin abgesprochenen und unter persönlichem Einsatz durchgeführten Wahlkampagne um den Mayorstuhl von New York. Daraus erwuchs ihm eine intime Kenntnis der City-Probleme, wie sie in unserem Beitrag vorliegt. In seinem neuen Roman „... Am Beispiel einer Bärenjagd" greift der Pulitzer-Preisträger wieder ein unbequemes amerikanisches Thema auf.

Wolf von Eckardt, geborener Berliner, emigrierte 1936 nach USA. Er begann dort als Graphic Designer, wurde Journalist und schließlich, 1959, Direktor für Öffentlichkeitsarbeit des American Institut of Architects. Seit 1964 ist er Architektur-Kritiker der Washington Post.

Henry Miller wurde am 26. 12. 1891 in Yorkville, dem deutschen Viertel von New York geboren. Sein Leben und sein Werk, zur Geistesgeschichte unseres Jahrhunderts gehörend, bedürfen keines Hinweises. So folge hier nur die Chronologie seiner wichtigsten Bücher: Wendekreis des Krebses 1934; Wendekreis des Steinbocks 1938; Der Koloß von Maroussi 1941; Sexus 1949; Plexus 1953; Big Sur und die Orangen des Hieronymus Bosch 1955; Stille Tage in Clichy 1956; Nexus 1960.

Sabina Lietzmann ist seit 1961 Korrespondentin der Frankfurter Allgemeinen Zeitung in New York. Davor hatte sie für die FAZ aus Berlin berichtet.

Seymour Krim schreibt: Ich bin 48, geboren und aufgewachsen in New York als Kind jüdischer Eltern. Ich gab 1960 „The Beats" heraus, eine Anthologie der Beat-Generation. Dann schrieb ich „Views of a nearsighted cannoneer", autobiographische Essays.

Uwe Johnson, geboren 1934 in Cammin/Pommern, kam bei Kriegsende nach Mecklenburg. 1952 bis 1956 studierte er Germanistik in Rostock und Leipzig. 1959 zog er nach West-Berlin, wo er als freier Schriftsteller lebt. Nach „Mutmaßungen über Jakob", 1959, schrieb er „Das dritte Buch über Achim", 1961; „Karsch, und andere Prosa", 1964; „Zwei Ansichten", 1965. Als letztes erschienen „Jahrestage", 1970.

Anita Daniel, geboren in Jassy in Rumänien, ist seit frühester Kindheit viel gereist. Ihre Hauptquartiere waren Paris, Berlin, Genf und New York, wo sie ein pariserisch anmutendes Apartment in der 62. Straße bewohnte. Sie ist 1978 gestorben.

Johannes Urzidil, 1896 in Prag geboren, von wo er 1939 emigrierte, lebt seit 1941 in New York. Unter seinen durch zahlreiche Preise ausgezeichneten literarischen Werken nehmen „Die verlorene Geliebte", Erzählungen, 1956; „Das große Halleluja", Roman, 1959; und „Das Prager Triptychon", Erzählungen, 1960, einen besonderen Rang ein. Die alte und die neue Heimat sind Gegenstand seiner jüngsten Essays „Väterliches aus Prag und Handwerkliches aus New York", 1969.

Anaïs Nin, 1903 als Tochter einer dänischen Sängerin und eines spanischen Komponisten in Paris geboren, lebte von Kind auf in einer Atmosphäre des Reisens, der internationalen Gesellschaft und Kunst. Ebenso lange führte sie Tagebuch, inzwischen über 100 Bände, die ein einzigartiges Dokument unserer Zeit darstellen. Sie starb 1977 in Los Angeles.

Walter H. Pfaeffle, geboren 1936 in Berlin, war Redakteur in der UPI-Weltzentrale New York. Heute Wirtschaftskorrespondent für deutsch- und englischsprachige Tageszeitungen.

Peter Stadelmayer, aus Würzburg stammend, Jahrgang 21, Journalist und Übersetzer, leitet seit 1964 das Goethe House in New York. Seit dem ersten München-Heft hat er wiederholt an MERIAN-Heften mitgearbeitet.

Alfred Gong, im selben Jahr, in derselben Stadt wie Paul Celan geboren, nämlich 1920 in Cernowitz, lebt seit 18 Jahren in New York. Das „Erlebnis und Erleidnis dieser Stadt" fanden ihren Niederschlag in dem Band New Yorker Geschichten „Happening in der Park Avenue". Er gab auch die Anthologie „Interview mit Amerika" heraus.

Bemerkungen

Christel Wiemken übersetzte die Beiträge von Wolf von Eckardt und Seymour Krim; Friedrich A. Kloth den von Norman Mailer; Herbert Zand übertrug den Essay von Anaïs Nin; Will Keller die Erinnerungen von Henry Miller und das Gedicht „City without Walls" von W. H. Auden, dessen englische Fassung bei Faber & Faber in London erschienen ist. Das Copyright für „Wir müssen es ändern" von Norman Mailer lautet: Copyright © 1969 by Norman Mailer. Die Henry-Miller-Karikatur von Levine auf Seite 34 entnahmen wir mit freundlicher Erlaubnis des Rowohlt-Verlages dem dort erschienenen Bändchen „Levines lustiges Literarium", eine Sammlung der berühmten literarischen Homunculi.

Die Farbvorlagen für die Lithographie auf Seite 37 verdanken wir dem Museum of the City of New York; die des Stillebens von W. M. Harnett auf Seite 44 dem Metropolitan Museum; die der Bilder auf Seite 69 dem Wallraf-Richartz-Museum Köln. The New Yorker entstammen die Illustrationen Seite 87.

Die beiden Bilder ohne Worte auf Seite 16 sind von Thomas Höpker.

MERIAN erscheint monatlich im Hoffmann und Campe Verlag, Harvestehuder Weg 45, 2000 Hamburg 13, Telefon 4 41 88 (1)/ FS 02 14 259 / Telefon-Nr. der Anzeigen-Abteilung: 2 71 71, Adresse der Anzeigen-Abteilung: Poßmoorweg 1, 2000 Hamburg 60 / Zur Zeit gültige Anzeigenpreisliste Nr. 20 / Dies ist die dritte veränderte Auflage des im September 1970 erschienenen Hefts / Nachdruck nur mit Zustimmung der Redaktion gestattet, alle Übersetzungsrechte bleiben vorbehalten, für unverlangte Einsendungen haftet die Redaktion nicht. – Bezug über den Buch- und Zeitschriftenhandel, die Postanstalten und den Verlag, der auch Liefermöglichkeiten im europäischen Ausland und in Übersee nachweist · Preis im Abonnement monatlich 6,– DM, zuzüglich 1,20 DM Versandkosten bei Zustellung frei Haus · Der Bezugspreis enthält 6,1 Prozent Mehrwertsteuer · Kündigungen sechs Wochen zum Quartalsende – Printed in Germany. Gesamtherstellung: Richterdruck Würzburg

Die Wochenzeitung, die Ihnen Gedankenfreiheit läßt.

Denkanstöße werden Ihnen heute von vielen Seiten angeboten. Das Wort ist modisch und die Sache nicht immer das, was sie zu sein vorgibt. In manchen Fällen will man auch gleich das Denken für Sie übernehmen - nach dem Motto: Machen Sie sich mal keine Gedanken, das tun wir schon.

Mit solcher Vorarbeit ist Ihnen nicht gedient. Sie wollen die politischen, wirtschaftlichen und kulturellen Geschehnisse selbst beurteilen. Unsere Aufgabe ist es, Ihnen dafür die nötigen Informationen und Hintergrundberichte zu geben. Wir analysieren und kommentieren - Sie machen sich dazu Ihre Gedanken.

DEUTSCHES ALLGEMEINES SONNTAGS BLATT

Das Fazit aus sieben ereignisreichen Tagen

Bekanntschafts-Coupon
Bitte einsenden an: Deutsches Allgemeines Sonntagsblatt · Vertrieb
Mittelweg 111 · 2000 Hamburg 13
Ich möchte gern Bekanntschaft mit dem DS schließen. Schicken Sie mir doch mal kostenlos die neueste Ausgabe.

Name
Straße
PLZ/Ort

DS

„Es tut mir aufrichtig leid, Mathilde, was ich über dein Filet de boeuf bordelais gesagt habe."

„Bevor Sie gehen, Hawkins, versetzen Sie mir noch einen geschlagenen Scharfen auf geschabtem Eis, bitte?"

Der
NEW YORKER
hat längst eine eigene
Art des Witzes entwickelt, er hat
den anglo-amerikanischen cartoon
zur präzisen Aussage
gesellschaftskritischer Valeurs
erhoben.
Dabei geißelt er auf seine Weise
Überholtes genauso wie
Unabwendbares

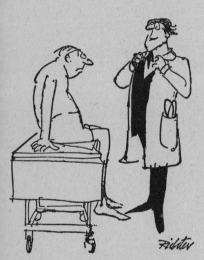

„Die Schulmedizin weiß keine Antwort auf Ihr Leiden. Aber Sie haben Glück – ich bin ja Wunderdoktor!"

Audio-visueller Führer: „Sind Sie unter 18 und nicht in Begleitung Erwachsener – bitte weiter zum nächsten Bild..."

In seinem vielzitierten Amerika-Report „Der schielende Löwe" gestand Rudolf Hagelstange:
„Das Bratwurst-Deutschtum von New York irritierte mich tief." Es mit satirisch gespitzter Feder
aufzuspießen, dieses Vergnügen macht sich hier Alfred Gong, der seit 1952 in New York lebt.

Teutsches Tun in Neuyork

Heimweh, wohin verführest du mich! Während die Vogelschwärme über dem verengten Himmel des Central Park südlichen Kurs nehmen, zieht meine Seele ostwärts und zwingt die müden Schuhe mitzudriften, lockt ja dort, hinter der prächtigen Fassade der Fünften und der Park Avenue, New Yorks deutsches Viertel — ein eingepökeltes Dornröschen, das unverzagt auf seinen Kronprinz wartet.

Die 86. Straße, als Deutscher Broadway weitbekannt, hat ihre unverwüstlichen Attrappen aus den Gründerjahren mit dem Neonstil der Mainstreet verbrämt. Am East River halten wir die Wacht am Rhein! In seiner Auslage stellt das *Café Tannenberg*, zwischen Punsch- und Trüffeltorte, die Gipsbüste des Feldmarschalls zur Schau. Jeder kennt *Lili Marleen*, das Lokal mit Damenwahl, jeder die *Kleine Stube* mit mäßigen Weinen zu gepflegten Preisen. Ein Metzgerladen hat das Schild *Deutsches Geschäft* ausgehängt und einen Schweinskopf ausgestellt, rosig und blond, ein Lorbeerblatt im Rüssel. Hinter einem Vorhang aus Würsten bedienen Metzger, Meisterin und Sohn, alle rosig-blond und gewandt mit Messer und Waage.

Nebenan ein Reisebüro mit dem Werbeplakat *Weihnachten in der alten Heimat!*, auf dem der liebe Onkel Sam aus Übersee von miniröckigen und elksommerlichen Nichten herzlich begrüßt wird. Gegenüber dröhnt der große Schallplattenausverkauf, die Bestseller heißen „Ich hab' mein Herz in Germany verloren", „Auf der böhmischen Grenz" und selbstverständlich „Mit blitzenden Fanfaren".

Biegt man um die Ecke, befindet man sich auf der Zweiten Avenue. Da verkaufen teutsche Möbelhändler Eiche und Jugendstil. Ich bewunderte eine Kommode und staunte über den Preis. Der Kaufmann zückte die Unterlippe: „Is prima Ware, made in Tschörmeny!" Einige Schritte weiter prangte im Fenster des Familienlokals *Linde* eine Käseglocke, unter der ein versilberter Siegfried den mennigroten Lindwurm erschlug. Hier ist gut rasten, hier kehrst du ein.

Bevor ich noch die Speisekarte aufschlagen konnte, brachte mir der griesgrämige Ober Kaffee und Schillerlocke und forderte gleich „einen Dahler" — wahrscheinlich war ihm mein Lächeln verdächtig. Vom Nebentisch prüften mich die Fischaugen von vier Hausfrauen, die nach Muff und Mottentod rochen. Sie rührten fleißig in ihren Tassen, kauten andächtig Napf- und Streuselkuchen und unterhielten sich in einem Kaudergermanisch, halb Deutsch, halb Englisch, beides verballhornt. Auf Tennisschuhen watschelte die Lindenwirtin heran und begrüßte den Damentisch: „Willkomm zu de Koffiklatsch, mei Ladies."

„O Missis Gänseklein, du lukst wanderful mit dem neuen Noseglas!"

Die Wirtin berührte ihre Brille und wechselte das Thema: „Miß Eichelsaft, bevorgestern haw ick dein Tochter bei Kino gesehn... Wat ist die Mätter, Missis Muckefuck? Jedes Ding okee?"

„Den andern Abend hab ich nisch gut aufs Knie gefühlt."

„Mei Gutneß, luk!" Ein Aufschrei des Entsetzens entfuhr Miß Eichelsaft. Ein Schmetterling schwebte über dem Büfett und ließ sich auf einem Liebesknochen nieder. „Oskar, catch de Butterfliege!" befahl streng die Lindenwirtin.

Auf Schuhspitzen machte sich der Ober an den Schwalbenschwanz heran. Da geriet mir ein Haar der Schillerlocke in die Luftröhre. Ich mußte husten, der Schmetterling schwebte auf. Das Kaffeekränzchen fixierte mich, die Fischaugen schwammen heran, verschwammen, die Luft wurde dicker, der Ober brachte den Damen Eiswasser. Keuchend wankte ich hinaus. Behende schloß der Ober die Tür hinter mir, die Butterfliege konnte ihm nicht entwischen. Kaum hatte sich mein Atem erholt und mein Blick wieder geklärt, fielen mir im Fenster der Buchhandlung *Druckstock* die deutschen Weihnachtskarten auf, jetzt schon, im September, ausgestellt, ferner dies und das von Ganghofer und Löns, auch „Soll und Haben", „Trotzkopfs Wechseljahre", und von den Modernen eine würdige Auswahl von Kernmayer und Kolbenheyer.

Es war Freitag abend, das Weekend hatte begonnen, die Tanzlokale füllten sich mit neueingewanderten deutschen Mädchen, die für ein oder zwei Jahre herübergekommen waren, um sich als Hausangestellte eine Aussteuer zusammenzusparen oder einen reichen Ami zu landen. Sie hatten heute ihren freien Tag und waren fest entschlossen, ihn voll zu genießen. Mit christlichen Stimmen und glasigen Blicken begleiteten sie die Kapelle – „Heute ist Sonntag, ich bleib' nicht zu Haus" – und drückten sich mit Leib und Seele gegen ihre Tanzpartner, Jungs von der Navy, stirnlockige Romanen und andere Herren mit ernsten Absichten. Denn sie waren hier in New York beliebt und begehrt, diese German girls, ihr Fleisch war fest, sie galten als romantisch veranlagt und waren nicht so zimperlich wie die diätgepäppelten Einheimischen; halb schlossen sie die Lider zu jeder Schnulze und ganz bei jedem Kuß.

Melancholey überkam mich, ich sagte Adieu dem Dunst von Rotkraut, 4711 und Bierschweiß. Am Ausgang drückte mir jemand einen Zettel in die Hand:

> Kein Deutschamerikaner darf
> Sonnabend den 29. Scheiding
> bei der deutschamerikanischen
> S T E U B E N - P A R A D E
> ! ! ! !   fehlen   ! ! ! !

Der 29. Scheiding? – das war ja schon morgen! Da lohnt es doch gar nicht mehr, nach Haus zu gehn. Kehr ins *Grinziger Faßl* ein und laß dich von Alois Flickhubers Zither kurieren. Was weckte mich am Mittag des drauffolgenden Datums? Hungerte es mich nach einem Frühstück, oder war es das fröhliche Getöse, das von der Straße kam? Ich fand meine Krawatte im Waschbecken und, meinen Schritt den Trommeln anpassend, verließ ich das Hotel, in das ich weißnichtwannundwie geraten war. Zwar hatte ich der Steuben-Parade ersten Teil verpaßt, doch was sich jetzt entfaltete, war keineswegs zu verachten. Dem Anschein nach hatte sich hier das gesamte Deutschtum aus New York und Umgegend mit Kind, Rind und Kegel eingefunden. Cannstatter und Sauerländer, die Kornblume im Knopfloch, Bremer und Schildaer, die Kornblume am Hut und im Haar, Weddinger und Hamelner, alles mit Kornblumen, Nachkommen der Achtundvierziger und der Dreiunddreißiger, Flüchtlinge aus diversen Reichsprotektoraten und Rückrückkehrer, Kameruner und Annaberger, Veteranen aller deutsch-amerikanischen Kriege, die Gemeinschaft der alten Kämpfer, die auf der einen oder anderen Seite gefochten, für oder wider das Reich, für oder gegen die USA – was liegt daran, wofür, Hauptsache: man hat sich nicht gedrückt, und keiner läßt es sich nehmen, heute und hier, kornblühend oder kornverbläut hinter Fahnen und Kapellen mitzuziehen. Mit „Badenweiler" und „Fridericus" wollen wir den lendenlahmen Yankees beweisen, daß wir das Volk der Musik sind, zwei-drei, rechts-links und Tschingdara!

Auf der Ehrentribüne an der Fünften Avenue waren einige Politiker des Staates New York versammelt: In sechs Wochen sollten ja wieder Wahlen stattfinden. Auch fielen da auf der deutsche Generalkonsul und seine Gattin, dem defilierenden Volk Kußhände zuwerfend.

Gerade war die *Schwäb'sche Eisebahne* vorübergerollt, und ihr folgte, als besondere Gaudi, der schnadahüpfelnde Schuhplattlerverein *Original Enzian*, sehr bald aus Aug und Sinn verdrängt vom prächtigen Tanker der *G.m.b.H. Kyffhäuserbräu* („Bleib deutsch und treu – trink Kyff-häu-bräu!"). Auf dem Riesenfaß die deutschamerikanische Schönheitskönigin, die alljährlich von den Trinkern des beliebten Bieres gewählt wurde. Doch bleibt ihre Schönheit unbeschreiblich, da ich sie nicht sehen konnte, weil sie von sieben schäumenden Krügen umgeben war, die sieben Lackel, hirschlederbehost, hochhielten. Eine Riesenharfe verschönte den folgenden Wagen, dazu die Damen vom Sängerbund *Loreley*, unter welchen ich Missis Muckefuck und Miß Eichelsaft erkannte, trotz ihrer Fürther Faltenröcke und falschen Zöpfe. Grimassen und Augenrollen zu entnehmen, sangen sie ein Lied dabei, das aber keiner hören konnte, sintemal hinter ihnen die Plattform des *Deutschsender zu Neujork* ratterte, beherrscht vom Mikrofon, das die unverwechselbare Stimme der Sprecherin Hertha Kay ausstrahlte, die mit megatönenden Vokalen das Laub des angrenzenden Parks aufwirbeln ließ und gleichzeitig die verschiedenen Brotsorten der Großbäckerei *Challe & Matzemann* pries. Doch weil der deutschamerikanische Mensch nicht von Brot allein leben möchte, ließ die Großselcherei *Pürzel & Abdeck* ein Ballettkorps jodelnder Hula-Tänzerinnen nachkommen, die, mit Kränzen von Knack- und Jägerwürsten geschmückt, die Speicheldrüsen der Feinschmecker erregten. Auch ließ diese gewandte Firma Schweinsblasen, mit Edelgas gefüllt und Kornblumen bemalt, an alle braven Kinder verteilen.

Da geschah es, daß der Asphalt erbebte, und die Lautsprecher überschlugen sich mit der Botschaft, daß der deutschamerikanische Sport im Anmarsch sei. Und siehe da, die Sonne erbleichte, und alle bisher gebotene Herrlichkeit wurde in den Schatten gestellt, als sie vorbeistelzte, die Majorette Heidi Fäustling, derart gestaltet, daß ihr Friedrich Wilhelms längster Kerl allenfalls bis zum Vorbau hätte reichen können. Die Schwergewichtsmeisterin i. R. trug einen Tschako mit schwarzen Fangschnüren, einen Harnisch aus Flittergold, einen Ringelhüftenschurz gleichen Anstrichs, der ihre nicht alltäglichen Schenkel und Hinterbacken mehr als ahnen ließ. Unter den suppentellergroßen Knien – das rechte war mit zwei gekreuzten Heftplastern dekoriert – hatte sie Wadenstrümpfe aus schwarzen und silbernen Maschen an, die in den roten Lackstiefeln, Größe 49, endeten. Honni soit, wer hier an den Detmolder Hermann dachte! Der ungeheure Beifall, den sie mit keinem zu teilen brauchte, hielt volle sieben Minuten an, bis sie von der Kegelklubkapelle *Guts Muths*, die sie ursprünglich angeführt, aber unterwegs verloren hatte, wieder eingeholt wurde: ein wirrer Haufen von keuchenden Wammen, gurgelnden Wänsten, verbeulten Trompeten und eingeschlagenen Trommeln. Bei diesem Anblick verhüllten die Ehrengäste ihr Gesicht, und als sie wieder aufblickten, war die schlappige Keglerkapelle total verschwunden. (Die schnell- und scharfsinnige Majorette hatte in einer Seitenstraße das von der Parade aufgehaltene Abholauto der Wäscherei und chemischen Putzerei *Schneewittchen* entdeckt und im Handumdrehen die sechzehn Versager ins dunkle, nach Chlor und Lavendel riechende Innere eingeliefert, wo sie in Windeln und Wäscheballen versanken und nie wieder gesehen wurden.)

Die Moral wurde wieder gehoben durchs forsche Halali der sich seit Pioniertagen befehdenden Schützenkorps *Old Shurehand* aus Hoboken und des Jagdclubs *Waidmannsheil* aus New Palz, die heute, auf Geheiß des Fräulein Fäustling, ihre Friedensfeier beginnen, indem sie um die Wette nach Tauben und Spatzen schossen und dabei unwillkürlich einige der schwebenden Schweinsblasen wie auch eine Linse der UFA-Wochenschau-Apparatur abknallten. Weshalb die bundesdeutschen Kinobesucher den eigentlichen Höhepunkt des Aufzuges vermissen mußten und auf diese unzulängliche Beschreibung angewiesen sind.

Ein Spruchband, gotisch beschriftet, verhieß *Deutschlands geistiger Beitrag zu Amerikas Größe,* und dahinter, auf der Tribüne des Leiterwagens, wackelten die Wachspuppen von General von Steuben, der dieser Parade den Namen gab und ohne den George Washington nie das perfide Albion besiegt hätte, von General Carl Schurz, der Lincoln in seinem Krieg gegen oder, wie manche glauben, für die Rasenschande mithalf, item General Franz Sigel, daneben General Eisenhower, deutscher Enkel, der irrtümlich das Reich mit Krieg überzog – und hinter seinem Rücken das Standbild des Wernher von Braun, der letzte große Freiwillige in dieser Walhalla des Geistes.

Keine bessere Nachhut für dies friedliche Begebnis wüßte ich als den Paßgang der Ritter, Junker und Knappen des geselligen Vereines *Philisterium Nova Yorkia*. Allein die Folia der gepanzerten Ritterschaft wurde arg bedrängt vom Dröhnen und Pusten der Kehrmaschinen, die ihr auf den Fersen folgten. Ritter Zappenduster schlug eine Volte und ging mit blanker Lanze auf die motorisierten Straßenkehrer los. Sein Klepper aber bäumte sich, er stürzte und brach den Gesäßreifen seines Panzers. Knapp Lutschbeutel trommelte die Attacke, jedoch zu einem Turnier zwischen der edlen deutschen Ritterschaft und der tumben italienischen Sanitätsbrigade kam es nicht. Just und eindeutig ließen sich die Polizeisirenen vernehmen. Dank diesen Spielverderbern muß unser Volksfest mit einem allgemein unbefriedigenden Antiklimax beschlossen werden. *Alfred Gong*

Coney Island
Foto: Lehnartz

New York auf einen Blick

Allgemeines: New York (oder amtlich New York City) ist mit 8 Millionen Einwohnern die größte Stadt der Vereinigten Staaten von Amerika, aber nicht deren Hauptstadt. New York City ist nicht einmal Regierungssitz des Staates New York, der, bis zu den Niagara-Fällen und an die kanadische Grenze reichend, von Albany aus regiert wird, sehr zum Leidwesen vieler New Yorker. Gleichwohl bildet die Stadt eine derartige Zusammenballung von Wirtschaftskraft, Handel, Wissenschaft und Kultur, daß sie die führende Stadt Amerikas ist.
Die Lage an der Ostküste des Kontinents und an den tiefen Mündungsbuchten des Hudson macht sie zum drittgrößten Hafen der Welt. „Greater New York" umfaßt — auch über den Hudson hinweg — einen wirtschaftlichen Interessenverbund von 29 Counties mit 17 Millionen Einwohnern.
Bevölkerung: New York ist ganz sicher die Stadt, deren Einwohnerschaft sich der allerverschiedensten Herkunftsländer rühmen kann. Von den Holländern und französischen Protestanten der Gründungszeit und den Engländern der Kolonialzeit stammen noch einige wenige Familien der „Stadtaristokratie" ab. Skandinavier, Deutsche und Iren folgten im 19. Jahrhundert; um 1880 begann die große osteuropäische Einwanderung. Nach dem Ersten Weltkrieg nahm der Zuzug von Schwarzen aus dem Süden und von Westindien rapide zu. Nach dem Zweiten Weltkrieg bildete sich eine große puertoricanische Kolonie. Zumindest in der ersten Generation lebt man im allgemeinen unter seinen Landsleuten: Italiener südlich in Greenwich Village, Deutsche in Yorkville (86. Straße Ost), Skandinavier in Bay Ridge (Brooklyn), Chinesen in Chinatown, Neger in Harlem, Puertoricaner in West-Harlem.
Alle Nationalitäten kultivieren eine gewisse Anhänglichkeit an ihre Heimatländer, die sich in großen Paraden und Festivals das ganze Jahr über auslebt.

Verwaltung: New York City, bis 1898 identisch mit Manhattan Island, das seinen Kern bildet und in erster Linie gemeint ist, wenn man von New York spricht, umfaßt heute vier weitere Boroughs, in denen die Counties der früheren englischen Kolonialverwaltung weiterleben: Bronx, Queens, Brooklyn und Staten Island. Nur Bronx ist Festland; Queens und Brooklyn liegen auf Long Island; das weithin noch ländliche Staten Island (oder Richmond) ist eine Insel wie Manhattan, der räumlich kleinste, aber am dichtesten bevölkerte Borough: Auf rund 57 qkm leben hier rund 1 600 000 Menschen.
Wirtschaft: New York ist nicht nur der Geldmittelpunkt des Landes, Wall Street die Börse der Weltentscheidungen. Auch die Welthandelspreise für Wolle, Zucker, Kakao und Gummi werden hier an den jeweiligen Börsen ermittelt. Sitz wichtigster Versicherungsgesellschaften, so insbesondere für Schiffahrtsrisiken. Spezialisierte Industrien, wie die Bekleidungsbranche, Modewaren, Möbel, Elektrotechnik, Eisenwaren, Chemie und Maschinenbau, haben Weltgeltung. New York ist außerdem ein bedeutendes Druckereizentrum und Weltmetropole des Werbegeschäfts.
Klima und Reisezeit: Obwohl auf 41 Grad nördlicher Breite, also der von Neapel, gelegen, weist New York ein gemäßigtes Kontinentalklima auf. Allerdings macht es seine allseits offene Lage plötzlichen Wetterstürzen gegenüber anfällig; auch bläst durch die engen Straßenschluchten meist ein scharfer Wind. Als schönste Jahreszeit gilt der Herbst, der sogenannte Indian Summer von Ende August bis Mitte Oktober. Der Winter kann mit Kälteeinbrüchen und Schneeblizzards den Straßenverkehr zum Erliegen bringen. Die hohe Luftfeuchtigkeit bei großer Hitze macht Europäern (und nicht nur ihnen) die Sommermonate von Juni bis August oft unerträglich.
Einreiseformalitäten: Ein Besuchervisum ist erforderlich, das bei dem für den jeweiligen Wohnsitz zuständigen Konsulat beantragt werden muß. Eine gültige Pockenimpfung ist bei der Einreise nachzuweisen.
Geldwechsel erfolgt am besten vor Reiseantritt. Geldwechselstuben gibt es nur wenige, z. B. überhaupt keine in New Yorks Hauptbahnhof Grand Central Station. Und Hotels wechseln nicht oder ungern.
Verkehrsmittel: Die Subway ist billig: Für einen Token (50 cents), eine Spezialmünze, durch deren Einwurf man die Drehkreuze zum Bahnsteignetz öffnet, kann man so weit fahren, wie man will: An 900 km Schienen liegen 528 Stationen. Achtung: Manche Subway-Eingänge bedienen nur eine Fahrtrichtung; downtown heißt südwärts, uptown nordwärts. Busse kosten gleichfalls 40 cents, die man beim Einstieg in eine Glasglocke neben dem Fahrersitz einwirft. Subway-token sind auch hier gültig, dagegen gibt es keine Geldrückgabe, falls man mit größerer Münze zahlt. Also gut bei Tokens sein!
Taxis sind unterhaltsam (der Fahrer führt vorne am Armaturenbrett sein Konterfei und seine volle Adresse und ist bereit, über alles zu reden), aber rar, besonders in den rush hours. Bei Regen gehe man besser gleich zur nächsten Subway. Zu Fuß gehen ist oft das schnellste Verkehrsmittel. Spazierengehen bei Nacht ist in gewissen Gegenden unratsam. Parks sind zu meiden. — Das reizvollste und billigste Verkehrsmittel: die Fähre nach Staten Island mit dem South Ferry für 5 cents. Schönster Blick auf „the tip of Manhattan", die Südspitze.
Hotels: Für jeden Geschmack ist gesorgt, weniger für jeden Geldbeutel. Hotels in europäischem Stil sind im allgemeinen teuer. Der Hotelbezirk Midtown reicht etwa vom Central Park zum Madison Square. Für Trockenrasierer: Spannung 110 Volt und andere Stecker. Also Zusatzstecker besorgen!
Unterhaltung: Theater, Premierenkinos, Konzerte sind oft lang voraus ausverkauft. Nur ein guter Hotelservice kann einem da weiterhelfen. Brauchbar sind auch die Vorverkaufsstellen in den großen Kaufhäusern wie Macy's usw. Was New York jeweils zu bieten hat, entnimmt man am besten „The New Yorker" oder dem „New York Magazine". Museen haben meist freien Eintritt. Sie sind auch in der Regel gut besucht, an Sonn- und Feiertagen zu gut. Bei warmem Wetter sollte man sich ein Baseballspiel unter Flutlicht nicht entgehen lassen: im Yankee Stadium oder im Shea Stadium. Da kann man die New Yorker kennenlernen.
Auskünfte: New York Convention and Visitors Bureau, 90 E. 42 St., New York, N.Y. 10017, Tel. (212) 687 1300.
Fremdenverkehrsamt USA, 6000 Frankfurt/M., Roßmarkt 10, Tel. (0611) 29 52 11.

Gebrauchsanleitung für Karte und Brevier: Die ausklappbare Farbkarte kann herausgetrennt werden. Auf den Rückseiten steht das Brevier, worin alle Sehenswürdigkeiten aufgeführt sind. Großbuchstaben und römische Zahlen verweisen auf die Planquadrate der Karte, arabische Ziffern auf Heftseiten. Die zweispaltige Anordnung des Satzes ermöglich es, Karte und Brevier zu falten und als praktischen MERIAN-Reiseführer in der Tasche zu tragen.

Merian-Brevier von New York

Manhattan: Mit 22 Quadratmeilen der kleinste Stadtbezirk.
Bahnhöfe: Grand Central Terminal und Pennsylvania Station gehören zu den größten Bahnhöfen der Welt. **Grand Central:** Täglich über 550 Züge und ca. $\frac{1}{4}$ Million Passagiere. Unterirdisches Schienensystem und Bahnsteignetz in zwei Stockwerken, mit insgesamt 48 Bahnsteigen und 123 Gleisen. Eindrucksvolle Wartehalle im turmartigen Hauptgebäude (1913). (J IV). **Pennsylvania Station** („Penn"): Täglich 750 Züge, die durch mächtige Tunnel unter dem Hudson und dem East River das Festland im Westen und Long Island im Osten mit Manhattan verbinden. Riesiges Bahnhofsgebäude (1910) mit Wartehalle, deren 45 m hohe Decke auf mächtigen korinthischen Säulen ruht. (J II).
Straßen und Plätze: Wall Street. Der Name bezieht sich auf den Befestigungswall, den Peter Stuyvesant 1653 vom Hudson zum East River ziehen ließ, zum Schutz gegen marodierende Indianer. Um Wall Street entwickelte sich der gleichnamige Finanzdistrikt; sein Mittelpunkt ist New York Stock Exchange, die Börse. (M VI, 7, 8/9, 14, 26). **The Bowery:** New Yorks anrüchigste Straße teilt Chinatown und das Italienerviertel vom Wohngebiet der Juden, das sich ostwärts bis zum East River erstreckt. Der Name kommt von dem holländischen Wort für Farm: Bouwerie. Hier lagen die Landhäuser wohlhabender Bürger. Ende des 18. Jh. war The Bowery Zentrum des Theater- und Konzertlebens. Heute prägen Flop Houses (Herbergen), Kneipen und Leihhäuser das Bild dieser Straße des Elends. (L M II/III)
Broadway: Die längste Straße Manhattans, ein alter Indianerpfad, beginnt am Südende im Battery Park, führt am Central Park und Cloisters vorbei zum Harlem River und hinüber nach Bronx, ja aus dem New York County hinaus nach Yonkers in Westchester County. Das Glanzstück des Broadway liegt zwischen der 40sten und 53sten Straße um den **Times Square.** (H III, 10/11) In diesem großen Vergnügungsviertel stehen die meisten der 680 Theater New Yorks. **Fifth Avenue:** Eine der Hauptarterien der Stadt, zugleich diejenige, welche Manhattans Straßen in „Ost" oder „West" teilt. Prachtstraße berühmter Geschäfte (Saks, Tiffany u. a.) und Schauplatz zahlreicher Paraden. Vor Weihnachten eine Traumkulisse (28/29, 31). Einbahnstraße von Harlem zum **Washington Square:** Im 18. Jh. Friedhof für Arme und Negersklaven, seit 1823 Park, an dessen Nordende seit 1895 der Washington Arch steht. Westlich und südlich des Washington Square erstreckt sich der ältere Teil von Greenwich Village (L VI). **Union Square:** In der Mitte des Platzes das Washington-Standbild und der 1924 errichtete Liberty Pole, ein Fahnenmast. (K III)
Brücken: 60 Brücken überqueren New Yorks Wasserstraßen. Von der **Brooklyn Bridge** hat man einen der schönsten Blicke auf die südlichen Stadtteile. 1867 bis 1883 von dem aus Deutschland stammenden Ingenieur Roebling erbaut, war sie damals die längste Hängebrücke der Welt und genügt auch heute noch dem starken Verkehr. (N II, 13)
George Washington Bridge: Die einzige Brücke über den Hudson nach New Jersey, 1931 fertiggestellt. Auf der unteren sechsspurigen und der oberen achtspurigen Fahrbahn dieser drittgrößten Hängebrücke der Welt verkehren pro Jahr etwa 40 Millionen Fahrzeuge. (A V/VI)
Manhattan Bridge wurde 1909 eröffnet; die auf die Brücke zuführende Canal Street ist nach Berninis Colonnaden vor dem Petersdom in Rom gestaltet. (N III)
Queensborough Bridge verbindet Manhattan über den East River mit dem Stadtteil Queens. In ihrer Mitte stützt sich die Brücke auf Welfare Island; Lift hinab zur Insel. (H V/VI)
Triborough Bridge ist der letzte große Brückenbau New Yorks. Vier Teile der komplizierten Anlage führen über das Wasser, zwölf über das Land. (D VII)
Verrazano-Narrows Bridge, die zweitlängste Hängebrücke der Welt, wurde 1964 fertiggestellt. Sie überquert die Hafeneinfahrt, Narrows genannt, die Landenge zwischen Staten Island und Brooklyn.
Dem (Auto-)Verkehr dienen außerdem vier Tunnel: **Lincoln** (H I) und **Holland Tunnel** (L I) unterqueren den Hudson, der **Brooklyn-Battery Tunnel** (N V) und der **Queens-Midtown Tunnel** (J V) den East River.
Colleges und Universitäten: Über 800 Lehranstalten hat New York aufzuweisen. Dazu kommen 852 kirchliche und private Schulen. Die wichtigsten Universitäten:
Columbia University: 1754 nahm das King's College seine Vorlesungen in Lower Manhattan in einem kleinen Schulhaus

George Washington Bridge

im Trinity-Kirchhof auf. 1784 bekam es den heutigen Namen. 1897 wurde der neue Bau nördlich vom Central Park begonnen. Die Universität gehört zu den berühmtesten des Landes; ihre Wissenschaftler sind vor allem auf dem Gebiet der Atomenergie hervorgetreten. Von hervorragender Bedeutung ist die Bibliothek mit weit über zwei Millionen Bänden. Rund 15 000 Studenten (D V). **New York University:** Keine andere von privater Seite unterhaltene Universität hat mehr Studenten als diese; ihre Zahl beträgt etwa 32 000. Die 15 Colleges befinden sich auf dem Campus in Greenwich Village und auf dem Campus in Bronx. (L II)
Historische Baudenkmäler: Custom House. 1907 wurde das Zoll-Hochhaus anstelle des alten Zollgebäudes errichtet. Viermal im Jahr finden hier attraktive Auktionen statt. (M VI)
City Hall: Der heutige Bau 1803 bis 1812 von John McComb. Am 9. Juli 1776 wurde in der alten City Hall in Gegenwart Washingtons die Unabhängigkeitserklärung verlesen. (M II)
Fraunces Tavern: Der 1719 errichtete Bau wurde später von

The Cloisters im Fort Tryon Park

S. Fraunces, einem Neger aus Westindien, in eine Schenke umgebaut. Am 4. Dezember 1783 verabschiedete sich Washington hier im Long Room von seinen Offizieren. Heute beherbergt das Haus ein kleines Museum im zweiten Stock, unten befindet sich ein ausgezeichnetes Restaurant. (M VI)
Gracie Mansion: Herrenhaus im Kolonialstil, das 1799 inmitten des heutigen Carl Schurz Parks errichtet wurde. Seit 1942 ist es offizielle Wohnung des Bürgermeisters. (F VI)
Jumel Mansion: Prächtiges Haus im Kolonialstil, in dem Washington die Schlacht von Harlem Heights plante. (A VII)
Kirchen: Über 3600 Kirchen gibt es. An einer von ihnen wird bereits seit über einem halben Jahrhundert gebaut, an der
Cathedral of St. John the Divine: Sie soll einmal die größte in neugotischem Stil errichtete Kathedrale werden. Maße des Schiffes: 181 m lang, 44 m breit, 97 m hoch. (D V)
Grace Church: 1846 von James Renwick nach dem Vorbild des Kölner Doms erbaut. Weit bekannt ist ihr Knaben- und Männerchor.
St. Mark's-in-the-Bowery: 1660 ließ Peter Stuyvesant an der Stelle seiner Farm eine Kapelle errichten, die 1799 zu der jetzigen Kirche umgebaut wurde. Auf dem Friedhof sein Grab.
St. Patrick's Cathedral: Wie Grace Church nach dem Vorbild des Kölner Doms entworfen: 1910 geweiht. (H IV, 27)
St. Paul's Chapel: Das älteste öffentliche Bauwerk Manhattans, errichtet 1764 bis 1766, ein vorzügliches Beispiel des georgianischen Baustiles.
Trinity Church: Ehemals das höchste Bauwerk der Stadt, wirkt die Kirche zwischen den Bankhochhäusern von Wallstreet wie verloren. Der heutige Bau stammt von 1846. (L VI)
Konzerthallen: Carnegie Hall: Seit 1891 die berühmteste Konzerthalle der Stadt, in der bis 1962 das New York Philharmonic Orchestra seine regelmäßigen Konzerte gab. (G III/IV)
Philharmonic Hall: Das neue Stammhaus des New York Philharmonic Orchestra im **Lincoln Center for the performing Arts** (G III); seine große Halle bietet 2658 Besuchern Platz. Das Lincoln Center, eines der großartigsten Kulturzentren der Welt, Ende der 50er Jahre erbaut, beherbergt außerdem das **Metropolitan Opera House,** die Met, die 1883 am Broadway eröffnet worden war. Das alte Gebäude mußte wegen Baufälligkeit abgerissen werden; das neue Haus, mit 3800 Sitzplätzen das größte Theater der Welt, wurde 1966 bezogen. Ebenfalls im Lincoln Center befinden sich das **Vivian Beaumont Theater, Library** und **Museum of the performing Arts** und die **Juilliard School of Music.**
Macy's: Der Walfänger R. H. Macy gründete vor über 100 Jahren am Broadway dieses heute größte Kaufhaus der Welt. Etwa 100 000 Käufer täglich benutzen 36 Rolltreppen und 28 Lifts. Gegenüber liegt **Gimbel's,** eine Nuance feiner.
Museen: American Museum of Natural History: Umfangreiche Sammlungen mit vielen seltenen Stücken (prähistorische Mammuts, Saurier, Funde der Maya- und Aztekenkultur etc.). Im Hayden Planetarium das „Theater of the Skies". (F IV)
The Cloisters: Eine Stiftung John D. Rockefellers aus dem Jahre 1938. Auf dem höchsten Punkt Nord-Manhattans, inmitten des Fort Tryon Parks, wurden mittelalterliche Klosteranlagen aus Europa in originalen Bauteilen rekonstruiert. (A VI)
Frick Collection: Hervorragende Sammlung des Stahlindustriellen H. C. Frick mit Gemälden aus der Zeit vom 14. bis 19. Jh., Renaissance-Statuen, chinesischem Porzellan, persischen Teppichen, alten Musikinstrumenten und Möbeln. (G V)
Gallery of Modern Art: Privates Museum in pseudo-venezianischer Architektur (1964). (G III, 69)
Salomon R. Guggenheim Museum: Frank Lloyd Wright entwarf diesen modernsten und eigenwilligsten Museumsbau New Yorks. Auf einer Spiralrampe umkreist der Besucher den sechsstöckigen Ausstellungsraum, der eine einzigartige Sammlung abstrakter Kunst zeigt. (F V)
Metropolitan Museum of Art: Das umfangreichste Museum Amerikas wurde 1870 am Ostrand des Central Park gegründet. Es beherbergt Kunstschätze der ganzen Welt aus allen Zeiten und ist in seiner Reichhaltigkeit nur dem Louvre oder dem Britischen Museum vergleichbar. (F V, 44)
Museum of the City of New York: Die Entwicklung der Stadt in anschaulichen Sammlungen; ständige Gedächtnisausstellung für Washington und Alexander Hamilton; historische New Yorker Stadtansichten. (E VI, 37)
Museum of Modern Art: Malerei, Plastik, Kunsthandwerk, Fotografie und Architektur werden hier in unkonventionellen ständigen und wechselnden Ausstellungen gezeigt. Angeschlossen ist eine Film- und Theaterbibliothek. (G IV)
Pierpont Morgan Library: 1913 ließ J. P. Morgan das Haus im Stil der italienischen Renaissance erbauen. Heute beherbergt es eine der umfangreichsten Sammlungen von Manuskripten, Dokumenten, Briefen, Zeichnungen, Drucken. (H IV)
New York Public Library: Größte öffentliche Bibliothek der Welt mit über sechs Millionen Büchern. Das im Renaissancestil errichtete Gebäude wurde 1911 eröffnet. Die ausladenden Eingangstreppen sind der beliebteste Treffpunkt der New Yorker für ihre „dates". (J III)
Parks: 17 Prozent des New Yorker Stadtgebietes bestehen aus Grünflächen und Parks; im ganzen sind es 1339.
Battery Park: Auf der Südspitze Manhattans gelegen, wo zur Zeit der Holländer eine Batterie die Flußseite Neu-Amsterdams bewachte. An der Nordwestseite des Parks das ehemalige Hafenfort Castle Clinton. (N I)
Central Park: Im Herzen Manhattans gelegen, 4 km lang, 800 m breit, 51,6 km Parkwege. Sehenswürdigkeiten im Park:

Metropolitan Opera House

1 The Cloisters
2 Polo Grounds
3 Yankee Stadium
4 Schomburg Collection
5 Low Memorial Library
6 Cathedral of St.John The Divine
7 Museum of the City of New York
8 Jewish Museum
9 Guggenheim Museum
10 Metropolitan Museum
11 Delacorte Theatre
12 Hayden Planetarium +
13 Natural History Museum
14 Philharmonic Hall
15 Metropolitan Opera House
16 New York Coliseum
17 Wollman Memorial Rink
18 Frick Collection
19 Temple Emanu-El
20 Getty Building
21 Museum of Modern Art
22 Hilton Hotel
23 Carnegie Hall
24 Americana Hotel
25 J.C. Penney Building
26 Columbia Broadcasting System Buildg
27 Tishman Building
28 Lever House
29 First National City Bank Building
30 Seagram Building
31 Corning Glass Building
32 St. Thomas's
33 St. Patrick's
34 Sperry Rand Building
35 Equitable Life Building
36 Time and Life Building
37 RCA Building
  (Radio Corporation of America)
38 International Building
39 Union Carbide Building
40 Waldorf Astoria Hotel
41 Chemical New York Building
42 Crysler Building
43 Pan Am Building
44 Grand Central Terminal
45 Mobil Building
46 Daily News Building
47 United Nations Headquarters
48 New York Public Library
49 Madison Square Garden
50 Bus Terminal
51 Lincoln Tunnel
52 General Post Office
53 New Madison Square Garden
   and Pennsylvania Station
54 Empire State Building
55 Little Church around the Corner
56 Port Authority Building
57 New York University

der Zoo; The Mall, ein Pavillon, in dem im Sommer Konzerte stattfinden; Central Avenue, eine Allee mit Standbildern berühmter Männer; Conservatory Lake, die Regattastrecke für die selbstgebastelten Miniaturboote der New Yorker Jungen; der „Nadel der Kleopatra" genannte Obelisk aus der Zeit um 1600 v. Chr.; der „Shakespeare Garden"; Reservoir und Harlem Meer; das Block House; die „Tavern on the Green", eines der wenigen New Yorker Gartenrestaurants; Hecksher Playground. (32, 50/51)

East River Park: Entlang dem East River zieht sich der schmale Park mit Spielplätzen und Freilichttheater. (L/M IV)

Gramercy Park: Eingeschlossen von einem hohen Eisengitter ist dieser private Park nur denen zugänglich, die einen Torschlüssel haben – Bewohnern der anliegenden Backsteinhäuser und Gästen der Hotels. (K III)

Gracie Mansion im Carl Schurz Park

Wolkenkratzer: Chase Manhattan Bank Building: 1961 wurde dieses 60 Stockwerke zählende Hochhaus eröffnet, dessen internen Verkehr 47 Aufzüge und zehn Rolltreppen bewältigen. In einem unterirdischen Areal, das größer ist als ein Fußballfeld, sind in Safes mehr als eine Milliarde Dollar deponiert. (M VII)

Chrysler Building: Mit 77 Stockwerken und einer Höhe von 315 m war es einmal das zweithöchste Gebäude der Welt. Erst vor kurzem wurde das 30 Stockwerke hohe Glasgebäude Chrysler Junior angebaut, das architektonisch zum neuen New Yorker Stil gehört, wie etwa auch das Lever Building und das Sekretariatsgebäude der UNO. (H IV)

Empire State Building: 1931 wurde an der Stelle des ersten Waldorf Astoria Hotels nach nur zweijähriger Bauzeit das 448 m hohe Bürohaus vollendet, lange Zeit das höchste Gebäude der Welt. Auf die Aussichtsplattform im 86. und die Terrasse im 102. Stock gelangt man mit einem der vielen, mit 90 km/h fahrenden Aufzüge. Knapp zwei Minuten dauert die Fahrt. Bei klarem Wetter sieht man von oben weiter als 120 km. Sieben Fernsehgesellschaften strahlen von der Spitze des Gebäudes ihre Programme aus. (J III, 17)

Pan Am Building: Eine Architektengruppe unter Walter Gropius entwarf dieses 1963 fertiggestellte und zunächst heiß umstrittene Hochhaus. (H IV)

RCA Building: Das Gebäude der Radio Corporation of America ist der Mittelpunkt des Rockefeller Center. Es beherbergt auch Chase Manhattan Bank Money Museum. (H IV)

Seagram Building: Mies van der Rohe und Philip Johnson bauten dieses Hochhaus, dessen strenge Fassade aus Bronze und Glas zu den besten Beispielen moderner Hochhausarchitektur gehört. (H IV)

United Nations Headquarters: 1949 wurde der Grundstein auf dem von John D. Rockefeller den Vereinten Nationen gestifteten Gelände am East River gelegt. Die riesige Anlage besteht aus Assembly Building, Conference Building, Sekretariatsgebäude (in dessen Kellergeschoß sich Postamt, Buchhandlung und Andenkenladen der UNO befinden). Aus dem Restaurant schöner Blick auf den East River. (J IV)

Woolworth Building: 1913 ließ F. W. Wollworth diesen Wolkenkratzer erbauen, mit den damals modernen viktorianisch-klassizistischen Verzierungen. Bis 1931 war er das höchste Gebäude der Welt. (M I)

World Trade Center: Nach Fertigstellung dieses doppeltürmigen Hochhauses war das Empire State Building überrundet: World Trade Center ist 500 m hoch. (M I, 26)

Die vier Außen-Boroughs:

Bronx: Einziger Bezirk New Yorks, der nicht auf einer Insel liegt. Bewaldete Hügel und Parks prägen das Gesicht dieses Boroughs, in dem 1,5 Millionen Menschen wohnen. Der Westen von Bronx mit den Universitäten und **Yankee Stadium** gilt als vornehme Gegend. Mittel-Bronx in Industrie- und Slumgebiet, hier befinden sich aber auch der Bronx-Zoo und der Botanische Garten. In Ost-Bronx stehen viele Landhäuser an den langen Sandstreifen des Long Island Sound.

Queens: Der Fläche nach größter, aber auch jüngster Stadtteil, mit 1,8 Millionen Einwohnern. Süd-Queens gehört zu New Yorks bevorzugten Ausflugsgebieten mit Parks, Sportanlagen und Badestränden auf der weit in den Atlantik vorgeschobenen schmalen Rockaway-Landzunge von Long Island. Zu Queens gehört auch der John F. Kennedy Airport.

Brooklyn: Schon 1636 ließen sich hier die ersten Ansiedler nieder. Aus dem holländischen Breuckelen wurde das heutige Brooklyn mit drei Millionen Einwohnern. Dieser größte Stadtteil New Yorks ist aus etwa 25 kleinen Orten zusammengewachsen. 1816 wurde Brooklyn Stadt, 1898 erfolgte der Zusammenschluß mit New York. Die langen Wasserfronten des Stadtteils und die Schiffbauindustrie machten Brooklyn zum industriellen Schwerpunkt New Yorks.

Staten Island (Richmond): 200000 Einwohner zählt dieser 4. Borough von New York, eine Insel, die nur ein schmaler Wasserarm von New Jersey trennt. Ihre fünf Ortschaften inmitten von Hügeln und Waldgebieten wirken noch fast ländlich. 1661 wurde die Insel durch Holländer und Franzosen besiedelt. Nach der Einnahme Neu-Amsterdams durch die Engländer erhielt sie zu Ehren des Sohnes Karls II., des Herzogs von Richmond, den Namen Richmond. Einzige direkte Verbindung nach Manhattan ist South Fey, das Fährboot, das an der **Freiheitsstatue** (1885; 50 m hoch) vorüberfährt.

Washington Arch in Greenwich Village